늘
편

눌변

소란한 세상에 어눌한 말 걸기

제1판 제1쇄 2016년 6월 20일
제1판 제2쇄 2016년 7월 1일

지은이 김찬호
펴낸이 주일우
펴낸곳 ㈜**문학과지성사**
등록번호 제1993-000098호
주소 04034 서울 마포구 잔다리로7길 18 (서교동 377-20)
전화 02) 338-7224
팩스 02) 323-4180(편집) 02) 338-7221(영업)
전자우편 moonji@moonji.com
홈페이지 www.moonji.com

© 김찬호, 2016. Printed in Seoul, Korea.

ISBN 978-89-320-2875-0 03300

이 도서의 국립중앙도서관 출판예정도서목록(CIP)은 서지정보유통지원시스템 홈페이지
(http://seoji.nl.go.kr)와 국가자료공동목록시스템(http://www.nl.go.kr/kolisnet)에서
이용하실 수 있습니다.(CIP제어번호: CIP2016014399)

소란한 세상에
어눌한 말 걸기

눌변

김찬호

문학과지성사

서문

나는 어릴 때 말문이 늦게 트였다. 비가 어떻게 내리냐고 어른들이 물어보면 왼손을 펴서 하늘 모양을 하고 오른손으로 비 내리는 시늉을 하던 기억이 선연히 남아 있으니, 꽤 늦은 나이까지 말을 하지 않았던 것 같다. 말을 알아듣기는 했지만, 좀처럼 입을 열려고 하지 않았던 것이다. 요즘 같으면 부모들이 심각하게 걱정하며 전문가를 찾아갔을 테지만, 당시에는 그러려니 했다. 말문이 열린 다음에도 나는 과묵한 성격이었고 대학생이 되고 나서도 언변이 부족했다. 지금은 강의를 직업으로 삼고 있지만, 사석에서는 말수가 적고 강의를 하면서도 때때로 어눌함에 가위눌린다.

요즘은 유려한 말솜씨가 능력으로 칭송받지만, 공자는 청산유수 같은 언변은 다른 사람의 말문을 막아(어인구급禦人口給) 원성을 산다고 했다. 『논어』에는 또한 '눌언민행訥言敏行'이라는 구절이 나오는데, '말은 굼뜨게 행동은 재빠르게 하라'고 풀이된다. 말만 앞세우고 실행이 뒷받침되지 못하는 것을 조심하라는 가르침이다. 정보 매체가 비약적으로 발전하는 지금, 이 권면은 각별한 의미로 다가온다. 많은 사람들이 SNS를 통해 엄청난 말을 쏟아내고, 그 가운데 일부는 대량 복제되어 사방팔방으로 퍼져나간다. 개인 간의 소통에서도 문자 교환이 점점 더 빈번해지는데, 주고 받는 속도가 너무 빠르다.

말로 이야기를 나눌 때는 곧바로 반응해야 한다. 반면 글은 충분히 다듬어진 생각을 풀어내는 작업이다. 그런데 요즘의 미디어 환경에서는 떠오르는 생각들을 아무 여과 없이 글로 쏟아내고 거기에 즉흥적으로 댓글을 달기 일쑤다. 악감정이 결부되어 그 내용이 왜곡되거나 부풀려지면서 확대 재생산될 때도 많다.

인터넷의 위력이 날로 커지는 세상에서 '눌언訥言'의 미덕은 어떻게 이해되어야 할까. '눌訥'은 말을 더듬는다는 의미다. 말재주가 없는 것을 예찬하는 것이 아니라, 한 번 더 생각한 다음에 말하라는 뜻이리라. 상황 판단에 신중을 기하고 실행에 옮기기 전에 숙고하라는 메시지로 해석해도 좋지 않을까. 결국 마음의 속도를 늦추어야 하는데, 글쓰기 자체의 본연을 회복하는 것도 그 한 가지 길이 된다. 사유를 차분하게 정돈하고 그 근거와 논리를 치밀하게 따져 묻는 연마가 글쓰기의 핵심이다. 따라서 글쓰기는 근원적으로 '눌언'일 수밖에 없다.

글쓰기는 고독한 작업이다. 괴롭고 지겨운 시간을 홀로 견디어야 한다. 이 세상 누구도 도와주지 않는 고립무원의 지대에 갇혀 있는 느낌이랄까. 예전에 어떤 지인이 이런 이야기를 했다. 자기 스승인 어떤 교수는 자신이 잘 모르는 것에 대해서만 글을 쓴다고. 글을 쓰면서 알아가는 기쁨 때문이라고. 그 말을 듣고 내 경우는 어떤가 생각해보았다. 나는 내가 잘 안다고 생각하는 내용을 글로 옮기는데, 그 과정에서 내가 제대로 알지 못하고 있었음을 깨닫게 될 때가 많다. 말로는 술술 나오는 내용인데, 문장으로 풀어가다 보면 갑자기 어눌해지는 것이다.

작가 이인성은 이런 글을 썼다. "문학은 눌변으로부터 시작되는 것은 아닐지. 달변은 믿을 수 없으므로, 그것은 저들의 체계이자 함정이므로, 문학은 더듬거리며 허우적거리며 자기 말을 찾아 나서는 것이 아닐지. 마치 모든 것을 처음으로 말하듯이 그토록 어렵게. 눌변이란 침묵이 최선이라는 걸 알면서도 침묵할 수 없는 자들의 서투름이라고나 할까. 더듬거리는 꼴에도 결국 삶을 사랑하므로 침묵으로 초월하지 못한 자가, 또는 그런 초월을 거부한 자가 침묵하듯 말하는 방식. 덧붙여, 이 모순을 끝끝내 밀고 나가는 방식. 고쳐지지 않는 서투름 때문에 그는 언제나 실패하겠지만, 그렇지만……"*

오랫동안 글을 써왔지만 빈칸을 채워가는 데 여전히 '더듬거리며 허우적거리'는 내게 큰 위로가 되는 말이다. 한편으로 이런저런 일들로 어안이 벙벙해지는 세상 앞에서, 다른 한편으로 정보의 폭주와 접속의 과잉 속에서, 글쓰기는 난감한 일이 되어간다.

---

* 이인성, 「문학에 대한 작은 느낌들—문학을 시작하는 자리」, 『식물성의 저항』, 열림원, 2000.

무력해지는 언어로 생각을 빚고 대화를 청하기가 곤혹스럽다. 그래서 점점 눌변이 되어간다. 하지만 포기할 수는 없다. 번잡하게 흘러가는 세태와 일상에서 이따금 한 발짝 물러나 문제를 진단하고 다른 가능성을 탐색해야 한다. 글쓰기는 그런 작업의 일환으로 자리매김한다.

이 책에 실린 글들은 거의 대부분 2010년부터 2015년까지 여러 매체에 기고했던 칼럼이다. 대부분 『경향신문』에 매달 한 번 토요일에 실렸던 원고들로, 그 시간에 어떤 글이 어울릴까를 염두에 두면서 썼다. 주중에 실리는 기사나 논설이 부조리하고 암울한 현실을 주로 다루는데, 주말에는 골치 아픈 요지경에서 잠깐 벗어나 찬찬히 일상을 들여다보는 것도 필요하지 않을까. 험상궂은 세상에서도 마음과 생활은 그 나름의 기운을 가지고 스스로를 형성한다. 그 율동과 리듬을 잃지 않도록 생각과 감성을 열어가는 글을 쓰고 싶었다. 삶의 흐름을 응시하고 심신의 생동을 회복하기. 사람과 사람 사이의 말길을 다듬고 충실한 의미 세계를 창조하기. 세대 간의 접점을 찾고 돌봄과 배움으로 새롭게 만나기.

그렇듯 소박한 일상에 초점을 맞추면서도 그것을 둘러싼 사회적 맥락과 문명의 얼개를 추적하는 작업을 병행하려고 했다. 상황은 점점 더 복잡한 상관관계들로 얽히는데, 그 난해한 실타래를 풀어내는 일은 결코 수월하지 않다. 권력이나 제도나 자본 등 몇 가지 구조적 변수로 문제를 간단하게 환원해버리는 도식을 경계해야 한다. 위험사회로 치닫는 흐름에 우리의 통념과 습속이 어떻게 맞물려 있는가. 빠르게 소멸되어가는 '사회' 자체를 어떻게 복원 내지 생성할까. 개개인의 존귀함이 확인되는 안전한 공간은 어떤 모습이어야 하는가. 현실을 떠받치고 있는 암묵적 전제들을 짚어보면서 좋은 삶의 조건을 탐색하려고 했다.

짧은 글이지만, 매달 한 번씩 꼬박꼬박 써내는 것은 늘 버거운 과제였다. 책으로 묶으면서 손질했지만 여전히 엉성한 눌변임을 재확인하게 된다. 독자 여러분께서 그 빈 부분을 채워주시길 바란다. 지난 5년 동안 귀한 지면을 허락해주신 경향신문사, 칼럼을 꼬박꼬박 챙겨주신 여론독자부의 김후남 부장님께 고마움을 전한다. 변변치 않은 원고들을 꼼꼼히 살피고 글을 다듬고 편집해주신 문학과지성사 박지현 씨에게 깊이 감사드린다.

2016년 6월
김찬호

차례

몸 | 마음 | 존재 | 시간 | 속도

1

시 간 의

주 인 이

되 려 면

걷기의 즐거움

"나를 움직이는 연료는 침묵이요/나의 엔진은 바람이요/나의 경적은 휘파람이다/나는 아우토반의 욕망을 갖지 않았으므로/ 시간으로부터 자유롭다/하여 목적지로부터 자유롭다/나는 아무 것도 목표하지 않는다/목표하지 않기에 보다 많은 길들을/에둘 러 음미한다." (유하, 「나는 추억보다 느리게 간다」에서)

걷기는 아주 평범한 일상 행위 가운데 하나다. 그러나 인간의 발달 과정에서 걸음마는 매우 중대한 도전이다. 네발짐승처럼 기 어 다니다가 두 발을 딛고 우뚝 서서 걷기 시작할 때 커다란 성취 감을 느끼게 된다. 아기들은 직립보행을 배우면서 새로운 신체 감각을 갖고 주변 환경을 전혀 다르게 감지할 수 있다. 한결 높아 진 시야로 세상을 드넓게 바라보게 되는 것이다. 어쩌면 어린 새 들이 처음 공중을 날아오를 때 그와 비슷한 경이로움을 느끼지 않을까.

자라면서 걷기는 무심한 습관이 된다. 그러나 이따금 중대한 의미를 담는 경우가 있다. 그 전형적인 것 가운데 하나로 행진을 들 수 있다. 축제나 기념일에 종종 펼쳐지는 퍼레이드는 가슴 설레게 하는 구경거리다. 군대 행사에서 수백 명의 장병들이 반듯한 대열을 유지하며 힘차게 나아가는 모습은 그 자체로 장관壯觀이다. 규칙에 맞춰 일제히 움직이는 몸짓은 일상의 고루함을 벗어나게 해주는 활력소가 된다. 우리는 그 집단 에너지를 공유하면서 비좁은 마음의 벽을 잠시 뛰어넘는다.

그런데 그러한 율동은 연출과 동원이라는 한계를 지닌다. 잘 짜인 각본에 따라 기계적으로 지어내는 퍼포먼스 앞에서 관람객들은 가만히 서서 바라볼 뿐이다. 스스로 주인공이 되는 행진은 없을까. 정치적 시위가 그것이다. 정형화되지 않은 행렬이 뿜어내는 위풍당당함은 많은 사람들의 소망과 비전을 표출한다. 수많은 사람들이 대오를 이뤄 거리를 장악하고, 그 의연한 발걸음들이 세상을 바꾼 역사적 장면들을 우리는 여럿 기억한다. 거기에서 보행은 어떤 메시지를 발하는 소통이다.

걷기의 의미는 그러한 거창한 집합행동이 아니더라도 다양하게 발견된다. 산책이라는 일상의 소일거리를 생각해보자. 거기에 무슨 목적이 있는가. 만일 오로지 건강을 위해서 걷는다면 그냥 운동이라고 해야 할 것이다. 목적지가 있는가. 그것 역시 순수한 의미의 산책이라고 말하기 어렵다. 사회학자 정수복 씨의 말을 인용하면, 산책에는 '헛걸음'이라는 것이 없다. 산책을 할 때 육신은 어딘가에 도달하기 위해 이동하는 도구가 아니라 그 자체로 목적이다. 우주와 마음이 이어지는 통로다. 몸으로 사유하고 느끼는 일종의 정신 행위가 바로 산책이라고 할 수 있다.

걷기를 통해 삶에 놀라운 변화가 일어나기도 한다. 프랑스의 청소년 교화단체 '문턱Seuil'은 범죄의 길에 빠져든 10대들에게 장거리 도보 여행을 통해 자아를 새롭게 만날 수 있는 프로젝트를 운영하고 있다. 3개월 동안 무려 2,000킬로미터를 외국에서 어느 낯선 어른과 함께 걷는 것이 교도소 수감을 대신하는 과제로 주어진다. 걷기가 뭐길래? 순간의 충동에 익숙한 아이들은 생애 처음으로 경험하는 그 긴 여정 속에서 지속의 기쁨을 맛볼 수 있다. 규칙을 지키고 약속을 이행하는 자신의 모습에서 느끼는 뿌듯함, 고된 발걸음에 기꺼이 함께해주는 동행자의 지지는 새로운 도전에 나설 수 있는 디딤돌이 된다.*

막다른 골목에 처한 청소년들만의 이야기는 아니리라. 온 마음을 담아 걸어갈 때 우리는 원대한 존재에 접속된다. 앞서 인용한 시인의 말대로 침묵과 바람을 동력으로 삼아 한 걸음씩 나아가면서 시간으로부터 자유로워진다. 아무것도 목표하지 않기에 많은 길을 에둘러 음미할 수 있는 드넓은 시야를 갖게 된다. 눈앞에 펼쳐지는 풍경의 파노라마에 가슴을 활짝 열어두면서 그 안에 담겨 있는 사물들을 섬세하게 느낄 수 있다. 그 여백의 부피만큼 우리는 삶의 주인이 될 수 있다.

'아우토반의 욕망'으로 내달려온 근대의 질주는 엄청난 성취를

---

* 자세한 내용은 베르나르 올리비에 외 지음, 『쇠이유, 문턱이라는 이름의 기적』(임수현 옮김, 효형출판, 2014)에 실려 있다.

이루었지만 다른 한편으로 잔혹한 현실을 빚어냈다. 외형적 성과에 대한 맹신은 스피드 숭배로 이어져 삶을 도구화했다. 그 결과 사회와 일상 곳곳에서 '싱크홀'이 발견되고 사람됨의 근본이 무너지고 있다. 과연 나는 제정신으로 살아가고 있는가. 자기도 모르게 괴물이 되어가고 있지는 않은가. 시간의 흐름이 잔잔해지는 산책로 위에서 문득 자문해본다. 깊고 푸른 하늘을 우러러 얼굴을 비추어본다.

자동차의 사회학

"일부러 운전을 안 하시는 거예요?" 자가용은 물론 운전면허조차 없는 내가 종종 받는 질문이다. 바퀴가 다리보다 더 중요하게 여겨지는 듯한 요즘 세상에, 나처럼 완전한 뚜벅이는 희귀종에 속하는 것이 사실이다. 그런데 앞의 질문에서 '일부러'라는 표현이 재미있다. 자가용이 그만큼 자연스러운 생활필수품이 되었고, 운전하지 않는 것이 의식적으로 결단을 해야 할 만큼 어려운 일이 된 것이리라. '자동'이 주는 편리함을 물리치려면 단호한 의지가 요구된다. 환경을 살리기 위해 불편을 감수하는 사람들에게 경의를 표하면서도, 자신이 그 대열에 동참하기는 쉽지 않다.

자가용을 가지고 있으면 여러모로 편리하다. 대중교통 노선이 복잡한 목적지나 차가 끊긴 시간대에 쉽게 이동할 수 있고 많은 짐을 싣고 다닐 수 있다. 아기를 키우는 데 필수품으로 여겨지기도 한다. 하지만 자가용에 집착하는 것은 그런 물리적인 편익 때문만은 아닌 듯하다. 출퇴근 시간대의 꽉 막힌 도로에서 자가용은 오히려 불편하고 비효율적일 수 있다. 그런데도 자가용을 몰고 나가는 이유에는 심리적인 만족감도 있지 않을까. 운전이라는 행위 그 자체가 주는 '자기 효능감' 말이다. 우리 생활에서 자기 마음대로 할 수 있는 것은 점점 줄어든다. 정치나 국가 시스템은 부조리투성이지만 바꿀 엄두가 나지 않는다. 날로 복잡해지는 경제 여건에서 돈벌이는 늘 살얼음판이다. 일터나 그 밖에서의 인간관계는 난해하기 짝이 없는 고차방정식이다. 가정에서도 식구들의 눈치를 본다. 그런데 운전대를 잡는 순간 모든 것이 내 손아귀에 달려 있다. 핸들을 꺾고 액셀을 밟는 만큼 정확하게 차가 움직인다. 내가 살아 있음을 확인한다.

또 한 가지, 자가용의 공간적 안락함을 빼놓을 수 없다. 그 밀폐된 구조는 '자기만의 방'을 열어준다. 그 안에서 무엇을 하든 누구도 뭐라고 하지 못한다. 담배를 피우든, 휴대전화로 통화를 하든, 화장을 하든, 시끄러운 음악을 틀어놓든, 잠시 차를 세워놓고 잠을 자든 아무도 참견할 수 없다. 그리고 화를 돋우는 다른 운전자를 향해 차 안에서 아무리 욕을 퍼부어대도 싸움에 휘말릴 위험이 적다. 다른 데서 쌓인 설움과 울분까지 실어 고함을 치면서 스트레스를 풀 수 있다. 자가용은 이동의 편리를 넘어 마음의 해방구도 제공해주는 셈이다.

그러나 그러한 자유와 발산은 비좁은 차내에 국한될 뿐이다. 주행하는 동안 차 바깥의 세계는 그저 통로에 지나지 않는 경우가 대부분이다. 주마간산走馬看山보다 훨씬 피상적으로 스치고 지나가는 것이 주차간산走車看山이다. 일부러 교외로 드라이브를 나가지 않는 한 일상적인 주행에서 주변의 풍경을 음미할 여유는 거의 없다.

그에 비해 뚜벅이들은 어떤가. 보행이 좋은 것은 환경이나 건강 때문만이 아니다. 걸어갈 때 우리는 주변의 뭇 사물들과 대화할 수 있다. (대중교통을 이용할 때도 어느 정도 그렇다.) 계절과 날씨의 생생한 정취를 맛볼 수 있고, 사람들의 표정을 바라보면서 삶의 다채로운 모습들을 느낄 수 있다. 눈길을 사로잡는 장면을 만나면 언제든 발걸음을 멈추고 잠시 몰입할 수 있다. 몸을 스스로 움직일 때 우리는 비로소 시선의 주체가 된다. 그것은 모종의 존재감을 불어넣어 준다. "관심이 없다면, 죽은 거야The day we stop looking, Charlie, is the day we die." 영화 「여인의 향기」(감독: 마틴 브레스트)에서 퇴역 장교 프랭크가 동행인 찰리에게 건넨 말이다.

사회 곳곳에서 창의성이 요구된다. 창의성은 '관찰'에서 시작된다. 남들과 달리 볼 수 있어야 하고 일상의 지각 습관을 탈피해야 한다. 무심코 넘기던 것들을 유심히 살피고, 거기에서 세상의 이면과 본질을 찾아낼 수 있어야 한다. 사소한 것들에 주목하고 평범한 것에서 비범한 의미를 찾아내면, 사는 재미가 쏠쏠하다. 그런데 우리는 컴퓨터와 휴대전화의 스크린에 주의를 빼앗겨 생활 세계를 새롭게 발견하는 눈썰미를 퇴화시키고 있다. 이동할 때에도 속도에 쫓겨 마음의 움직임을 놓치기 일쑤다.

자동차는 나와 외부 세계를 상당 부분 차단한다. 바깥의 사물과 사람들은 재빠른 이동이라는 목적을 위한 수단, 또는 나의 진로를 방해하는 장애물로 여겨질 뿐이다. 반면에 맨몸으로 주변과 직접 마주하면, 대상들은 말을 걸어온다. 신체의 리듬에 맞춰 이동할 때, 타자들이 살아 움직이기 시작한다. 올레길, 둘레길, 성곽길 등 곳곳에서 걷기 행렬이 이어지는 까닭도 그것이 아닐까. 속도의 강박에서 잠시 벗어나 심신의 내재율을 회복하는 시공간, 자아와 세계를 찬찬히 응시하는 여백이 거기에 있다. 평생 목발을 짚고 다녔던 고故 장영희 교수가 남긴 말이 떠오른다. "남보다 느리게 걷기에 더 많이 볼 수 있다."

은은함의 미학

"이 앞쪽에 전등 두 개쯤 꺼볼까요?" 나는 수업 중에 학생들에게 종종 그렇게 제안한다. 천장에 붙어 있는 형광등 가운데 창문과 가까운 쪽으로 3분의 1 정도를 소등해보는 것이다. 자연광이 강의실 안으로 스며들면서 수업에 지장이 없을 정도의 나지막한 음영이 드리운다. 학생들에게 물어본다. "어때요?" 대부분 더 좋다고 대답한다. "분위기 있어요." "교수님 얼굴이 달라 보여요." "마음이 차분해지는 듯해요."

애당초 동기는 단순히 에너지 절약을 위해서였다. 쨍쨍한 햇빛이 가득 들어오는데도 불을 죄다 켜놓는 것이 너무 아까워서 끄기 시작한 것이다. 그런데 불을 끄고 보니 교실 안에 명도明度의 차이가 생기는 것이 좋았다. 밝은 곳과 어두운 곳이 엇갈리면서 입체감이 우러나온다. 학생들의 얼굴에 살짝 그림자가 지고 표정에 깊이가 느껴진다. 해가 뉘엿뉘엿 기울 무렵 서서히 페이드아웃되는 교실의 광경은 작품 사진의 한 컷처럼 기억에 담긴다.

도시의 실내 생활에서 시간의 흐름을 공간의 변화로 감지하기가 점점 어려워지고 있다. 밝은 조명이 하루 종일 방 안을 채우고 있고, 바깥에도 가로등이나 네온사인이 강렬한 빛을 내뿜는다. 그래서 자연의 빛들이 빚어내는 미묘한 '결'을 맛보지 못한다. 여명 속에 서서히 자태를 드러내는 거리, 땅거미가 젖어드는 초저녁의 어스름, 잠 못 이루는 나를 우두커니 내려다보는 달빛 같은 것이 낯선 풍경이 되어간다.

낭만적인 감상이라고 치부할 일만이 아니다. 최근 독일에서는 학교 교실의 조명을 자연광에 가깝게 바꾸고 나서 학생들의 읽기 속도가 35퍼센트나 향상되었다고 한다. 그리고 실수는 40퍼센트 줄어들고 이상행동은 70퍼센트가 감소했다고 한다. 실내 환경을 야외 환경과 비슷한 분위기로 꾸미고 일몰이 다가올수록 조명을 조금씩 낮추는 식으로 바꾼 결과다. 공간 디자인에서 빛은 다다익선이 아니다. 휘황찬란한 조명을 마구잡이로 쏟아붓는 환경에서는 장소와의 일체감을 갖기 어렵다. 세계적인 관광 명소 가운데 야경을 뽐내는 도시들은 빛을 남발하지 않는다. 시선을 끌어당길 하이라이트에 확실하게 초점을 맞추면서 나머지 부분들은 자연 상태에 맡겨둔다. 그래서 전체적으로 빛과 어둠의 콜라주가 유기적인 스펙트럼을 이뤄낸다.

불빛은 마음을 디자인한다. 노르웨이에서 어느 초등학교의 방과 후 교실을 방문한 적이 있는데 방 한가운데 자리한 테이블 위에 촛불이 놓여 있는 장면이 인상적이었다. 아이들을 환영한다는 의미가 담겨 있다고 교장 선생님은 설명해주었다. 그러고 보니 생일 파티 때 항상 촛불을 켠다. 결혼식을 가리켜 '화촉華燭을 밝힌다'고 한다. 조용히 흔들리는 불빛 속으로 축복의 눈길을 모으는 것이다. 그런가 하면 추도식에서도 촛불을 켠다. 애잔한 빛이 번져나면서 애도의 묵념은 한결 정갈해진다.

불에는 사람들의 마음을 모아내는 구심력이 있다. 그래서 집단의 열망을 강하게 드러낼 때 횃불을 치켜든다. 축제에서 불은 가장 오래된 소도구다. 한 달에 한 번 일정한 시간에 플러그를 뽑고 모여 앉는 캔들 나이트는 차분한 호흡으로 자신과 상대방을 응시하는 의례다. 속도의 권력에서 벗어나 시간의 주인이 되어 세상에 대한 소망을 공유하는 자리다.

불은 빛의 원천이다. 인류는 불을 자유롭게 사용하게 되면서 다른 동물과 전혀 다른 생존의 길을 걷기 시작했다. 추위를 몰아내고, 음식을 익혀 먹고, 안전한 숙소를 확보하는 등의 물질적 이로움만 얻은 것이 아니다. 밤이 되어 모닥불을 피워놓고 골똘하게 바라보는 동안 사유의 부피가 늘어났고, 빙 둘러앉아 캠프파이어를 하면서 소통의 즐거움을 누렸다. 그러나 불이 인류에게 준 가장 커다란 선물은 '나눔'의 기적을 일깨워준 것이다. 불은 다른 사람에게 아무리 건네주어도 자기 몫이 전혀 줄어들지 않는다. 인간은 불을 다루게 되면서 무한 증여의 신비를 발견했다.

사람과 사람을 새롭게 맺어준 불의 힘은 수십만 년의 세월을 건너서도 여전히 강렬하다. 생활 속에서 빛의 근원을 마주하는 흐뭇함은 한결같다. 고요하게 너울거리는 촛불이나 모닥불에는 밝음과 어둠을 아우르는 은은함이 깃들어 있다. 하여 일상에서 고갈되어가는 삶의 신성함을 잠시 되돌려 받는다. 어느 날 교탁 위에 작은 촛불 하나를 올려놓아야겠다.

시간의 주인이 되려면

열차를 타면 우선 자리부터 확인해야 한다. 그런데 차표를 잘 못 읽어 엉뚱한 자리에 가서 비켜달라고 하는 경우가 종종 있다. 좌석 번호나 차량의 호號수를 오독하여 실례를 범하는 것이다. 하지만 그 정도 실수는 가볍게 넘어갈 수 있다. 황당한 것은 시간을 착각한 경우다. 앞차나 뒤차를 탔어야 하는데 잘못 승차하여 자리가 아예 없다. 그런데 그보다 훨씬 어이없는 상황이 있다. 호수와 좌석 번호와 시간이 모두 똑같은 차표 두 장이 발견되는 것이다. 두 승객이 당황하고 승무원도 놀란다. 무엇이 잘못된 것일까. 자세히 보니 날짜가 틀렸다. "앗! 오늘이 8일 아닌가요?"라며 한 승객이 소스라치게 놀란다.

때를 헤아리는 것은 어렵고도 중요한 일이다. 예수는 "아침에 하늘이 붉고 흐리면 오늘은 날이 궂겠다 하나니 너희가 날씨는 분별할 줄 알면서 시대의 표적은 분별할 수 없느냐"(「마태복음」 16:3)고 사두개인과 바리새인들을 꾸짖었다. 『논어』의 첫 구절 '학이시습지學而時習之'에서 '시時'는 '때에 맞춰timely'라는 뜻으로 풀이되기도 한다. 배움과 익힘 그리고 행함('습習'은 실천의 의미를 담고 있다)은 시의적절하게 이뤄져야 한다는 것이다.

세상이 바쁘게 돌아갈수록 시간을 다투는 일들이 많아지고 '시時테크'가 성공의 열쇠로 여겨진다. 나날이 혁신되는 테크놀로지가 효율적 시간 관리를 도와준다. 내비게이션이 목적지까지의 소요 시간을 산출해주고, 스마트폰이 버스의 도착 시각을 알려준다. 그런데 그렇듯 세밀한 시간에 신경을 곤두세우는 동안, 시대의 흐름과 생애의 단계를 조망하는 안목은 오히려 점점 흐릿해지는 듯하다. 일상의 분주한 속도에 치여 시간을 리드하지 못한다.

끊임없이 새로운 트렌드들이 출몰하는 사회에서, 많은 것들이 조금만 시간이 지나면 무시되거나 잊혀진다. 우리의 시선은 당장 눈앞에 펼쳐지는 상황에 매몰된다. 숨 가쁜 템포는 전 세계적인 현상이지만 한국이 유난히 두드러진다. 여행안내서 『론리 플래닛』*은 서울을 다음과 같이 소개하고 있다. "무엇도 영원한 것이 없는, 스쳐 지나가는 것들로 가득 찬 좌충우돌의 도시." 다이내믹 코리아의 활력을 묘사하면서 그 이면에 깔려 있는 휘발성 문화를 지적하는 듯하다. 유구한 역사를 자랑하지만 곳곳에 스며 있는 삶의 흔적들을 말끔히 지워버리는 행태 말이다. 사회적 기억을 공유하지 못하는 구성원들은 생존의 각개전투에만 매진하기 쉽다. 인생과 역사를 잇는 유기적인 고리를 발견하기 어렵다.

★ Lonely Planet, Trent Holden & Simon Richmond, *Lonely Planet Seoul(Travel Guide)*, Lonely Planet, January 19, 2016.

돌아보면 그 고리를 탁월하게 엮어낸 인물들이 있다. 그런데 안타깝게도 한 분 두 분 사라져간다. 지난 몇 해 사이에 타계한 분들을 헤아려보자. 박경리, 김수환, 김점선, 장영희, 노무현, 김대중, 법정, 앙드레 김, 이윤기, 리영희, 신영복…… 이들의 성취는 우연적 변수들이 맞물리거나 순간 에너지가 발휘된 결과가 아니었다. 그들은 오랜 세월 자신과 치열하게 대결하면서 그 내공으로 사회적 자산을 축적해왔다. 물론 전혀 유명하지 않은 분들 가운데 그런 길을 걸어가는 이들이 훨씬 많다. 당장의 성과에 안달하는 지금의 세태에서, 긴 호흡과 너그러운 마음으로 공공의 이로움과 의로움을 구현하는 사람들은 점점 줄어든다. 요즘엔 본받을 만한 어른이 없다고 한다. 20, 30년쯤 뒤에 사회적인 애도를 받으며 떠나가는 고인故人들은 얼마나 될까.

세월은 점점 가속도가 붙는 듯하다. 세계의 얼개는 점점 거대하고 복잡해진다. 그 격렬한 요동에 개인의 운명은 속절없이 휘말리기 일쑤다. '시대와의 불화'는 많은 이들의 현실이 되고 있다. 지금 나의 생애는 어느 단계를 통과하고 있는가. 역사의 흐름에 어떻게 접속할 것인가. 거창한 이야기가 아니다. 타인 또는 사회와 의미 있게 만나는 지점에 존재의 뿌리를 내릴 때 삶의 서사는 창조된다. 그 속에서 우리는 시간의 주인이 될 수 있다.

아이들이 주는 선물

시내버스에서 목격한 장면이다. 다섯 살 정도 되어 보이는 꼬마들 다섯 명이 맨 뒷좌석에 나란히 앉아 재잘거리고 있었다. 유치원 친구들이 엄마들과 함께 외출한 듯했다. 한 여자아이가 옆에 있는 남자아이에게 말했다. "야야, 내가 비밀 하나 이야기해 줄게. 아무한테도 말하면 안 돼. 알았지?" 나는 귀가 솔깃해졌다. 그 여자아이가 하는 말 "나, 집에서 코딱지 먹는다~" 웃음이 터질 지경이었지만 꾹 참으며 남자아이의 대꾸에 귀 기울였다. 그 아이, 아주 태연하게 물어본다. "맛있구나?" 그랬더니 여자아이는 이렇게 대답한다. "그런데 요새는 잘 안 먹어."

아이들이 귀여운 것은 그 단순함과 투명함 때문이다. 아이를 키우는 즐거움은 그런 마음과 어우러지는 데 있으리라. 그런데 지금 우리는 육아에서 그런 기쁨을 충분히 누리지 못하는 듯하다. 기쁨은커녕 오히려 버거운 짐으로 여겨지는 경우도 있다. 아이를 키우는 여건이 관건이다. 인류의 오랜 역사에서 아이들은 마을 또는 친족 공동체가 함께 양육했다. 어른들은 가족의 경계를 넘어 일정 부분 공동 부모의 역할을 자연스럽게 수행했다. 동네 아이들끼리도 형, 언니, 오빠, 누나 하면서 서로를 돌보았기에 부모들이 모든 것을 다 챙기지 않아도 괜찮았다. 그러다가 산업화 및 도시화와 함께 핵가족화가 진행되면서 양육이 오롯이 가족의 몫이 되었다.

그나마 (드라마 「응답하라 1988」에서 잘 묘사되고 있듯이) 1990년대까지만 해도 동네가 살아 있어서, 엄마들은 이웃 관계망을 통해 일상의 권태를 풀고 삶의 애환을 나눌 수 있었다. 그러한 사회적 기반이 거의 사라져가는 지금, 전업주부가 집이라는 폐쇄 공간에서 하루 종일 자녀를 돌보아야 하는 경우가 많아졌다. 그 스트레스는 우울로 이어지기 쉽다. 직장 여성의 경우에는 일과 육아를 병행하느라 심신이 더욱 지친다.

다행히 국가가 저출산 대책으로 어린이집을 동네마다 설립하여 육아의 짐을 덜어주고 있다. 그런데 공간이나 인력이 아직 충분하지 않다. 비좁은 장소에서 소수의 교사가 너무 많은 아이들을 보살피다 보면 피곤이 쌓이기 쉽고, 그 결과 이따금 보도되듯이 아이들을 학대하는 일이 일어나기도 한다. 어린이집이 일정한 시간 아이들을 맡아주는 수용 공간이 아니라 건실한 성장을 도모하는 공간이 되려면 '공동육아'가 구현되어야 한다. 부모 그리고 이웃의 주민들이 드나들면서 교사의 짐을 덜어주면 어떨까. 어린이집이 동네에 개방되고 여러 사람들이 육아에 참여하면, 학대를 감시하는 CCTV를 굳이 설치하지 않아도 되지 않을까.

그러한 변화는 육아의 보람과 의미를 되찾는 데서 시작될 수 있다. 아이를 키우는 것, 그들의 웃음을 마주하는 것은 고귀한 선물이다. 아이와 함께 있으면서 자연에 가까운 맑음과 밝음, 반짝이는 호기심, 꾸밈없는 표현, 발랄하게 솟구쳐 오르는 기운에 젖어들 수 있다. 그 기쁨을 누리려면 아이들이 스스럼없이 존재를 펼칠 수 있어야 한다. 어른들은 그 생명의 힘을 나눠 가지면서 일상에 윤기를 더할 수 있다. 동네에서 개구쟁이들이 자유롭게 어울려 다니고 그 재잘거림이 곳곳에서 들려올 때, 아이를 낳아 키우고 싶은 세상이 된다.

지난가을, 동네 숲길에서 마주친 꼬마들을 잊을 수 없다. 눈부신 날씨를 즐기기 위해 근처의 어린이집에서 다섯 살 정도 되는 아이들 수십 명이 선생님들과 함께 여러 모둠으로 나뉘어 나들이하고 있었다. 그 가운데 한 무리를 오솔길에서 정면으로 마주쳤다. 맨 앞에 있던 아이가 나와 눈을 마주치는 순간 무심코 큰 소리로 '안녕하세요~'라고 인사를 했다. 그랬더니 뒤에 따라오던 아이들 열 명 정도가 덩달아 일제히 '안녕하세요~' 하고 외치는 것이었다. 나는 깜짝 놀랐고 얼떨결에 박수를 치면서 함박웃음으로 응해주었다.

아무 일 없었다는 듯이 총총걸음으로 언덕을 올라가는 그들의 뒷모습을 나는 한참 동안 바라보았다. 불과 2, 3초 정도 사이에 스치듯 주고받은 인사였지만, 그 순간 그리고 이후 계속 걸어가면서 나는 어떤 황홀함 같은 것에 사로잡혔다. 이게 뭘까? 이런 기분을 느껴본 적이 언제였던가? 복잡한 계산과 습관적인 감정들에 갇혀 지내는 어른들 사이에서는 도저히 일어날 수 없는 일이었다. 아무런 목적 없이 그저 타인에게 다가갈 수 있는 것은, 세계에 거리낌 없이 자아를 열어젖히는 아이들에게서만 가능하다. 삶속에서 그런 마음의 약동을 마주칠 수 있음은 크나큰 축복이다.

"인생이란 꼭 이해해야 할 필요는 없는 것,/그냥 내버려두면 축제가 될 터이니./길을 걸어가는 아이가/바람이 불 때마다 날려 오는/꽃잎들의 선물을 받아들이듯이/하루하루가 네게 그렇게 되도록 하라.//꽃잎들을 모아 간직해두는 일 따위에/아이는 아랑곳하지 않는다./제 머리카락 속으로 기꺼이 날아 들어온/꽃잎들을 아이는 살며시 떼어내고,/사랑스런 젊은 시절을 향해/더욱 새로운 꽃잎을 달라 두 손을 내민다." (라이너 마리아 릴케, 「인생이란」)

손, 마음이 오가는 길

"주먹 쥐고 손을 펴서 손뼉치고 주먹 쥐고 또다시 펴서 손뼉치고 두 손을 머리 위에 햇님이 반짝 햇님이 반짝 햇님이 반짝 반짝거려요."* 오랫동안 애창되어온 이 동요는 율동을 함께했기 때문에 몸으로 기억되는 멜로디다. 가사에 나오는 단순한 동작들은 아이들에게 신체의 경쾌한 리듬을 일깨워준다. 한국의 '곤지곤지 잼잼' 같은 전통 육아 놀이는 거기에 더해 애착 형성에도 도움을 준다.

손은 작지만 매우 특별한 신체 부위다. 그래서 장애를 입을 경우 심각한 지장이 생긴다. 식사, 세수, 양치질, 목욕 등 기본적인 생활에서 엄청난 불편을 겪게 되고, 컴퓨터와 모바일 기기 앞에서 '속수무책束手無策'이다. 의수義手나 로봇 등의 인공물로 손상된 기능을 보완하는 것에도 아직 한계가 있다.

손의 중요성은 단순히 손동작에만 있지 않다. 성인 인체의 206개 뼈 가운데 4분의 1이 손에 있고, 뇌 신경세포의 30퍼센트가 손

---

* 「예수님은 누구신가」라는 찬송가로도 유명한 이 곡은 철학자 장-자크 루소가 작곡했다.

에 연결되어 있어서, 운동 중추의 발달에 손은 매우 중요한 역할을 한다. 그래서 손동작은 두뇌의 활성화에 긴밀하게 연관된다. 퀼팅이나 도자기 빚기 등의 수공예 취미를 가진 사람들이 노후에 기억력 장애가 훨씬 적다고 한다. 정교한 손놀림이 뇌의 다양한 영역을 골고루 자극하기 때문이다. 심신의 발달 과정에서도 손을 다양하게 움직이고 여러 사물을 다뤄보는 경험은 매우 중요하다. 그런 점에서 볼 때, 어린아이들이 다양한 물체를 만지작거리고 주물럭거리는 행위는 자연스러운 충동이라고 할 수 있다.

그런데 요즘 아이들은 달라진 듯하다. 일선 교사들에 따르면 아이들의 글쓰기, 그림, 공작 실력이 점점 퇴보하고 있다. 손으로 만들거나 오리는 것을 즐기지 못하고 오히려 귀찮아 할 때가 많다고 한다. 서울 수송초등학교 위재호 교사는 어느 세미나에서 이렇게 말했다. "손 근육이 발달하지 않은 아이들은 아름다움을 정교하게 빚어내지 못하고 자신이 만든 것을 하찮게 여깁니다. 뭔가에 힘을 쏟고 정성을 들이기보다는 잘 만들어지고 편리하고 예쁜 것을 쉽게 사려고 하죠. 그렇게 소비자로만 머무는 것이 안타까워서 손으로 이것저것 만들어보자고 하면 짜증 내는 아이들이 많아졌습니다. 해도 대충 끝내려고 하고요. 몸을 움직이지 않고 그냥 앉아서 멍하니 보는 것을 공부라고 생각하는 것 같아요. 열 살짜리 아이들이 '귀찮아'를 입에 달고 삽니다."

이제는 글씨를 쓰는 대신 자판이나 스마트폰 버튼을 누르는 시대다. 점점 편리해지는 기계와 점점 늘어나는 상품 및 서비스 덕분에 원하는 것들을 즉각 실현하거나 손에 넣을 수 있게 되었다. 그 대신 시간을 견디면서 무언가를 손수 완성해가는 기쁨을 잃어간다. 일상의 작은 경험들을 스스로 창조하는 기회가 줄어들면서 욕망의 부피는 커지고 그럴수록 무기력과 지루함에 빠져든다. 그 굴레에서 벗어나려면 성취감을 통해서 자존감을 키워갈 수 있어야 한다. 사물을 아끼는 마음, 거기에 깃들어 있는 스토리와 기억으로 확인되는 존재감이 필요하다.

최근에 인성교육이 다시 강조되고 있는데, 그것은 별도의 교과목으로 편성하여 가르칠 영역이 아니다. 신체 활동과 사회적 관계 그리고 자연과의 교섭 등 복합적인 경험을 통해 인격과 품성은 형성된다. 특히 초·중등학교 수준에서는 실과 수업이 중요하다. 오감을 통해 세상을 만나고, 놀이의 즐거움으로 생명의 에너지를 채워갈 수 있기 때문이다. 글씨 쓰기, 그림 그리기, 종이접기, 뜨개질, 바느질, 악기 연주, 공작, 수리, 농사, 원예, 동물 기르기, 청소 등의 활동이 장려되어야 한다.

손은 인간관계에서도 중요한 통로가 된다. 얼마 전 아버지가 몸살로 심히 괴로워하셨는데, 자식으로서 아무것도 해드릴 것이 없었다. 그런데 마침 방문한 매형이 아버지를 방바닥에 눕히고 마사지를 해드렸다. 나도 함께 거들었다. 아버지는 그 시간 이후 빠르게 회복되었다. 생리적인 효과와 함께 심정적인 위로도 큰 몫을 했으리라. 맨손의 힘을 새삼 확인했다. 돌이켜보면 예전에 부모님과 조부모님의 다리를 많이 주물러드렸다. 언제부터인가 그런 신체적인 소통이 가족들 사이에서 사라진 듯하다. 몸은 마음이 오가는 길이다. 등을 다독여주고, 손을 살며시 잡아주고, 뺨을 어루만져주고, 하이파이브로 손바닥을 마주치기도 하면서 숨은 마음을 일깨워보자. 지금 이 순간 함께 살아 있음을 느껴보자.

몸으로 세계를 만날 때

여름 휴가철에 어느 모임에 참가하느라 숲속 깊은 곳에 있는 숙소에 묵었을 때 일이다. 이른 아침 옆방에서 들려오는 휴대전화 알람 소리에 잠이 깼다. 새 지저귀는 소리로 설정된 그 신호음은 2~3분 이상 계속 울려댔다. 도대체 이런 곳에까지 와서 이른 시각에 일어날 일이 뭐가 있는가. 그리고 소리가 울리면 빨리 깨어나서 끌 일이지 왜 다른 사람들의 단잠을 설치게 하는가. 짜증이 났다. 그런데 잠을 포기하고 방을 나섰을 때, 나는 어안이 벙벙해졌다. 그것은 진짜로 새가 지저귀는 소리였다. 숲속에 있는 새 한 마리가 나를 깨운 것이다. 방금 전까지 성가셨던 소리가 이제는 고마운 선물로 다가왔다.

인지는 습관의 지배를 받는다. 시청각 정보를 수용하는 틀이 생활환경에 따라 다르게 형성되는 것이다. 예를 들어, 매미가 서식하지 않는 북미나 유럽에서는 그 울음소리가 소음으로만 들린다고 한다. 그래서 그쪽 지역에 수출하는 영화나 드라마 속 배경음으로 매미 소리가 깔려 있으면 모두 지운다고 한다. 인지의 틀은 공간 못지않게 시간의 축을 따라서도 바뀐다. 사회사의 여러 연구는 감각이 시대에 따라 다르게 형성되어왔음을 밝혀냈다. 역사적 관점에서 볼 때, 우리 시대의 오감五感과 정보 수용 양식 역시 매우 독특하게 구성되고 변형되어간다고 할 수 있다.

딸아이가 세 살 무렵 동네 뒷산으로 함께 산책 나갔을 때의 일을 잊지 못한다. 나뭇가지에 새가 앉아 지저귀고 있기에 나는 손가락으로 가리키면서 딸에게 잘 보라고 했다. 아이는 한참 응시하더니 이렇게 말했다. "아빠, 저 새, 텔레비전에 있지." 무심코 한 말이었지만, 도시인의 생활 세계를 반영하는 듯했다. 꽃이나 짐승을 실물보다 영상을 통해서 훨씬 더 많이 접하는 삶 말이다. 맨눈으로 보는 새는 '재현'이고 텔레비전에 '원본'이 있는 것처럼 여겨지는 지각 구조가 아이의 짧은 한마디에 함축되어 있었다.

각종 미디어가 첨단화되면서, 편집되고 가공된 정보가 실제의 생생한 경험을 압도한다. 정교한 디지털 신호가 바람 소리나 풀벌레 울음 등의 이미지와 음향을 전해주는 가운데, 인공과 자연 사이의 구분이 점점 어려워지고 있다. 그리고 정보의 홍수 속에서 사고 능력이 감퇴하듯, 넘쳐나는 자극들 속에서 감동은 점점 무뎌진다. 우리는 대상을 있는 그대로 느끼기보다는 촬영하기에 바쁘고, 그것을 SNS나 카카오톡에 전시하는 데 더 관심이 많다. 그래서 광활한 자연을 마주하면서도 존재로 연결되지 못한다. 자기 앞에 펼쳐지는 천혜의 선물을 온 마음으로 어루만지고 누릴 수 없을까. 겉으로 드러난 것을 넘어 속 깊은 무늬까지 체감할 수 없을까.

『대동야승』에는 장애인이기에 가질 수 있는 감각에 대해 재미
있는 일화 하나가 실려 있다. 어느 맹인이 여러 사람들(비장애인)
과 함께 금강산을 다녀왔는데, 누군가가 그 일행에게 그곳에 있
는 어떤 절의 기둥과 지붕이 어떻게 생겼는지 물어보았다. 아무
도 대답하지 못하고 있었는데, 그 맹인이 나서서 "불전佛殿의 기
왓골이 120개"라고 말했다. 사람들이 신기해하면서 어떻게 알았
느냐고 묻자 이렇게 대답한다. "처음에 갔을 때 갑자기 소나기가
내려 기왓골에서 떨어진 물이 땅을 파서 오목하게 되었다. 내가
그것을 더듬어 세어보아 알게 되었다."*

해마다 여름 휴가철이 되면 많은 사람들이 산과 계곡, 강과 바
다로 몰려든다. 고루한 일상의 쳇바퀴에서 벗어나는 여행은 도시
인들의 낭만이요 때로 유일한 숨통이다. 여행은 무엇인가. 그것
은 관광과 다르다. 한자에 나타나듯이 관광은 구경하는 것이고,
여행은 움직이는 것이다. 몸으로 낯선 공간을 만나는 것이 여행
이다. 어리석은 인간 군상의 사악한 세태를 물끄러미 내려다보면
서 드넓은 우주의 마음으로 나와 일상을 새삼스럽게 발견하는 눈
길이 거기에서 열린다. "여름 아침에는/자비로운 하늘이 무수한
우리들의 사진을 찍으리라./단 한 장의 사진을 찍으리라."(김수
영, 「여름 아침」에서)

---

* 정창권 엮고 지음, 『역사 속 장애인은 어떻게 살았을까』(글항아리, 2011)에서 재인용,
  56~57쪽.

자유, 자연스러운 기운의 생동

한국인들이 가장 원하는 마음 상태는 무엇일까? 서울대학교 심리학과 민경환 교수 연구팀에서 조사한 바에 따르면 '홀가분하다'로 밝혀졌다. 외국어로 번역하기 어려운 형용사지만, 한국인들은 그 뉘앙스를 정확하게 공유한다. 사전적 정의를 보면 '(사람이나 그 마음, 기분이) 근심이나 걱정 등이 해결되어 상쾌하고 가뿐하다'로 되어 있다. 어떤 무거운 짐이나 굴레로부터 벗어나 심신이 가벼워진 상태를 말한다. 홀가분함에 대한 갈망이 그토록 크다는 것은 이런저런 속박에 삶이 얽혀 있다는 뜻이기도 하다.

모든 생명체는 본능적으로 자유를 추구한다. 그런데 인간의 경우, 신체만이 아니라 정신적인 차원에서도 자유가 실현되어야 진정한 행복을 느낀다. 특히 현대사회에서는 전자보다 후자가 훨씬 문제가 된다. 신체의 자유를 통제하는 것은 학교나 군대, 감옥 같은 특수한 영역에서만 일어난다. 군사독재가 삼엄했던 1970년대에는 장발과 미니스커트를 단속하기도 했다. 그러나 이제는 안전사고의 우려가 있거나 사회질서를 해치는 것이 아니라면 몸을 규제하는 경우는 거의 없다.

정신적인 면에서는 어떤가? 예전에 비해 자유가 증진된 면이 없지 않다. 예를 들어 소비자로서 선택지가 끝없이 넓어지고 있다. 엄청나게 다양한 물건들이 쏟아져 나오고, 예전엔 상상조차 할 수 없었던 기발한 서비스 상품들이 계속 등장한다. 세계 곳곳을 여행할 수도 있다. 하지만 그 모든 경우에는 돈이 있어야 한다. 시장이 넓어질수록 돈과 자유의 상관관계가 점점 높아진다. 자유로워지기 위해서 돈을 많이 벌어야 하고, 돈을 벌기 위해서 부자유를 감수한다. 문제는 아무리 돈을 벌어도 자신이 원하는 만큼 자유를 누리지 못하는 경우가 많다는 데 있다.

다른 한편, 최근에는 통신 기기의 발달로 인해 돈을 많이 쓰지 않고도 자유를 누릴 수 있는 여지가 넓어지는 듯하다. 인터넷 세상에서 우리는 무한한 공간을 누비고 다니고 다른 사람들과 수시로 접속할 수 있다. 그것을 손안에서 가능하게 해주는 스마트폰은 경이로운 '노예'다. 사실 우리는 지식 정보의 차원에서 과거 어느 귀족이나 최고 권력자보다 훨씬 막강한 힘을 발휘하고 있다고 볼 수 있다. 내비게이션에서 이미지 검색에 이르기까지 이제 누구나 방대한 정보를 신속하게 활용할 수 있다. 어떤 현장의 상황을 사진으로 찍어 SNS에 올려서 순식간에 온 세상에 퍼뜨릴 수 있다. 그러나 그러한 정보 기기가 정말로 우리에게 자유를 가져다주는가? 스마트폰 속에 푹 빠져 있는 동안 홀가분한가?

자유의 의미를 짚어보자. 한자어가 재미있다. 스스로 자自, 말미암을 유由다. 스스로에게서 우러나오는 그 무엇에 따르는 것이 자유다. 바깥에서 주어진 강제나 규율이 아니라 내 안에서 솟구치는 에너지로 움직이는 것 말이다. 그 에너지는 여러 가지 형태를 띠는데 생각, 의지, 본능과 욕망 등이다. 문제는 이런 것들이 내면에서 생겨나는 듯하지만, 실제로는 바깥에서 부과된 것인 경우가 많다는 점이다. 예를 들어 욕망이 그러하다. 내가 느끼는 욕망은 정말로 나의 것일까? 소비사회의 광고와 사회적 통념이 우리의 욕망을 일정한 방식으로 복제하고 있는 것은 아닌가? 저마다 개성을 추구한다고 멋을 부렸는데 획일적인 유행의 판박이가 되어버리는 현상에서 그것을 확인한다.

자유의 반대말은 억압이나 구속이 아니라 '관성'이라는 말이 있다. 자기도 모르게 무심코 따르는 마음의 습관, 그것은 대부분 내가 만든 것이 아니라 사회적으로 형성된 것이다. 욕망과 마찬가지로 생각도 역시 다른 사람들이 지어놓은 관념의 틀 속에 갇혀버리기 일쑤다. 그 점을 알아차리지 못하면 바깥의 힘에 휘둘리며 살 수밖에 없다. 가장 큰 문제는 그것을 억압으로 느끼지 못한다는 점이다. 타인과 사회의 생각에 묶여 있으면서 부자유함을 느끼지 못하는 것이다. 그래서 벗어나려는 시도조차 못하게 된다.

동남아에 가면 코끼리들이 쇠사슬에 묶여 있는 모습을 흔히 볼 수 있다. 코끼리들은 워낙 힘이 세서 그것을 강하게 뿌리치면 사슬이 끊어진다. 그런데도 그들은 얌전하게 묶여 있다. 왜 그렇게 되었을까. 코끼리들이 아주 어릴 때 사슬에 묶어놓기 시작한 것이 그 비결이다. 당연히 처음에는 빠져나가려고 발버둥 치기 마련이다. 그러나 작은 몸집으로는 불가능하다. 여러 번 시도하다가 결국에는 포기하고 만다. 심리학에서 말하는 '학습된 무기력'에 젖어드는 것이다. 결국 코끼리들이 나이가 들어 몸집이 커져도 그 '생각'은 바뀌지 않는다. 그래서 사슬만 묶으면 얌전하게 자리를 지키고 있는 것이다.

코끼리들만의 어리석음일까. 내가 꿈꾸는 자유는 진정한 자유로움인가. 자신이 궁극적으로 추구하는 삶이 무엇인지 명료하지 않으면, 권력이나 체제가 묶어놓은 사슬에서 벗어나지 못한다. 자신의 욕망을 정밀하게 점검하지 않으면, 다른 사람들이 그어놓은 테두리에 갇혀 지낼 수밖에 없다. 내 아이가 일류대학에 가야 하고, 나이가 차면 반드시 결혼을 해야 하고, 남부럽지 않게 살려면 이러저러한 재산 목록을 갖추어야 하고…… 이런 강박들이 우리를 짓누른다. 내 삶의 진정한 주인이 되기 위해서는 당연시되는 통념들에 거리를 두어야 한다.

그러므로 자유롭게 살기 위해서는 안에서 우러나오는 기운이 있어야 한다. 그 자연스러운 흐름에 따라 펼쳐지는 삶은 멋있다. 멋이란 무엇인가. 김태길 교수의 정의에 따르면, '정규正規와 정상正常을 약간 벗어나서 파격적인 데가 있으면서도 크게는 조화를 잃지 않는 것을 대했을 때 느끼는 아름다움'*이다. 정말로 멋

***

* 김태길, 「외형의 멋, 내심의 멋」, 『멋과 한국인의 삶』, 최정호 엮음, 나남, 1997, 30쪽.

있는 사람은 독특한 개성을 드러내면서도 타인과 부드럽게 어울
릴 줄 안다. 자신의 소신과 직관에 충실하면서도 세계에 드넓게
열려 있다. 자유는 안과 밖을 유연하게 넘나드는 기운생동이다.

취미, 그 맛과 멋

고단한 몸과 무기력한 마음에 푹 가라앉아 있는데, 우연히 라디오에서 음악이 흘러나온다. 고등학교 때 즐겨 듣고 따라 부르던 곡이다. 나도 모르게 흥얼거리고 있으니 밝은 기운이 가슴에 스며들기 시작한다. 오래전 마음속에 새겨놓은 선율이 생활의 에너지로 발현되는 것이다. 그 시절 순수하게 좋아했던 것이 지금을 빛내주는 선물로 되살아날 수 있음에 새삼 고마움을 느낀다.

우리는 여러 가지 일을 하면서 살아간다. 왜 하는가? 상당 부분은 하지 않으면 안 되기 때문이다. 생계를 위해 수행해야 하는 노동, 사회적인 위치 때문에 요구되는 역할 같은 것이다. 그러나 '필요'를 충족하거나 '의무'를 이행하기 위해서만 일을 한다면 삶이 재미있을 수 없다. 외적인 요구가 아니라 내적인 동기에서 우러나오는 활동이 우리를 행복하게 한다. 아무런 조건이나 보상 없이 그냥 좋아서 하는 일이 삶에 윤기를 더해준다.

그런 일 가운데 하나가 '취미'다. 사전을 찾아보면 '전문적으로 하는 것이 아니라 좋아서 즐겨 하는 일'이라고 정의되어 있다. '취趣'자는 여러 의미를 담고 있지만 '뜻'이라고도 풀이된다. '취향趣向'은 '마음이 이끌리는 곳'이고, '취지趣旨'는 '어떤 일의 까닭'이다. 그러니까 '취'는 속 깊은 마음에서 비롯되는 그 무엇을 가리키는 것이다. 좋아서 하는 것이 아니면 취미가 될 수 없다. 취미에 대한 또 다른 정의로 '감흥을 느끼어 마음이 당기는 멋'이 있는데, 흥취興趣도 바로 그와 일맥상통한다.

'멋'이란 무엇인가. 흔히 겉으로 드러나는 세련된 맵시를 가리키지만, 그와 함께 은연중에 배어 나오는 품격을 뜻하기도 한다. 즉 남에게 보여주기 위해서가 아니라 스스로 빚어내는 운치가 있어야 진정한 멋이다. 취미에서 '미味'라는 글자가 '맛'을 뜻하는데, 나만의 독특한 분위기를 지니고 어떤 재미를 음미할 수 있어야 하는 것이다. 그런 점에서 멋과 맛은 동전의 양면을 이룬다고 할 수 있다.

그런 경지로 마음을 끌어올려 주는 취미를 갖고 있다면, 당신은 매우 행복한 사람이다. 그리고 그것을 함께 나눌 수 있는 벗들이 있다면 더없이 훌륭하다. 이른바 '동호회'가 그것인데, '같은 취미를 즐기면서 정보를 공유하는 모임'이라고 풀이된다. 비슷한 취향을 지닌 사람들이 자발적으로 맺은 관계인 만큼, 서로에게 열려 있고 창발적인 역동성이 쉽게 생겨난다. 반면에 권위주의나 서열 의식 같은 것이 들어서기 어렵다.

물론 동호회 가운데도 취미 그 자체에 온전히 몰입하기보다는 부수적인 것에 집착하는 경우가 있기는 하다. 예를 들어 자전거 동호회가 비싼 자전거를 과시하는 전시장이 되거나, 일부 산악회의 경우 브랜드 등산복을 입어야 떳떳하게 낄 수 있다. 소비의 급수에 따라 구별 짓기가 이뤄지고 배타적인 경계가 형성된다면, 취미의 본질은 왜곡되고 만다. 향유보다는 과시에 치우치는 가운데, 멋과 맛은 희미해지는 것이다.

사람에게 왜 취미가 있어야 하는가. 그것을 통해 정체성과 사회성이 건강하게 형성되기 때문이다. 예를 들어, 내가 어릴 적 초등학생들 사이에서 우표 수집이 유행했다. 편지 봉투에 붙어 있는 우표들을 떼어 모으는 수준을 넘어, 용돈을 아껴 구입한 우표를 공책에 국가나 주제별로 가지런히 정돈해놓았다. 친구들끼리 서로 자기 것을 보여주면서 교환하기도 했는데, 그를 통해 협상 내지 거래의 기술을 자연스럽게 터득했던 것 같다. 돌이켜보면 어린 나이에 자기의 기호嗜好를 그렇듯 알뜰하게 가꿔갈 수 있었다는 것이 행복으로 다가온다. 우표 수집은 저마다 컬렉션이 모두 달랐고 그 구성이 계속 업그레이드되어갔다.

취미는 빡빡한 삶 속에 여백을 창조해준다. 수명은 늘어나는데 은퇴는 거꾸로 빨라져 노년기가 점점 길어지는 지금, 자기 안에 여러 겹의 세계를 키워가야 한다. 기계적인 노동의 세계에서 벗어나 마음을 가꾸는 텃밭이 넉넉하다면, 인생 이모작의 밑그림을 다채롭게 그릴 수 있기 때문이다. 틈틈이 시간을 내어 취미로 하던 일이 언젠가는 삶의 중심 테마가 될 수도 있다. 그리고 우리는 취미를 통해 친구나 가족들과 기쁨의 시간들을 풍부하게 빚어갈 수 있다. 무언가를 좋아하는 마음과 그것을 즐겁게 수행하는 모

습은 서로에 대한 매력을 키워준다. 분주한 일상에서 이따금 쉼
표처럼 찍히는 휴식 시간을 통해 자기 안에 숨어 있는 멋을 탐색
해보자.

기억과 망각

스무 살이 넘은 작은딸이 얼마 전에 문득 물었다. "나 어렸을 때, 아빠는 왜 그렇게 늘 우울한 표정이었어?" 생뚱맞은 질문은 아니었다. 아이가 일곱 살 때, 나는 6개월 정도 무척 괴로운 시간을 보냈다. 몇 가지 일들이 연거푸 실패하면서 웃음이 완전히 사라졌다. 불면증과 식욕 감퇴 속에 생활이 곤두박질쳤다. 그런데 그 반년의 시간이 아이에게는 무척 길게 느껴진 모양이다. 자신의 어린 시절 대부분이 그런 분위기로 각인되어버린 것이다. 얼굴에 그늘이 잔뜩 낀 아빠의 눈치를 살피느라 위축된 감정이 짙은 자국으로 남아 실제보다 훨씬 긴 시간으로 저장된 것이리라.

그보다 훨씬 어이없는 기억의 오류도 있다. 어느 30대 남성은 아주 어렸을 때 아버지가 자기를 죽이려 했던 끔찍한 기억을 갖고 있었다. 그가 자기의 발을 들어 거꾸로 세운 다음 물통 속에 집어넣었다가, 울면서 발버둥 치니까 다시 들어 올렸던 일이다. 그 충격을 가슴에 묻어둔 채 성장하는 동안, 아버지에 대한 근본적인 의심과 두려움에서 벗어나지 못했다. 그러다가 결혼을 하고, 이제는 솔직한 이야기를 들어봐야겠다 싶어 어느 날 비장하게 입을 열었다. "아버지, 그때 왜 저를 죽이려고 하셨어요?" 그 질문에 아버지는 머리가 하얘져 버렸다. 사실은 그 남자가 놀다가 발을 헛디뎌 물통에 빠졌고 아버지가 재빨리 꺼내준 것이었기 때문이다. 그런데 앞부분은 까맣게 잊어버리고 아버지의 손에 발이 붙잡혀 들어 올려진 순간만 뚜렷하게 남게 되었다. 엉뚱한 트라우마를 가슴에 품고 30년을 살아온 것이다.

인간의 기억은 정확하지 않다. 동창들끼리 학창 시절을 추억하다 보면 동일한 사건을 전혀 다르게 입력하고 있음을 종종 발견한다. 한 지붕 아래 살아온 식구들 사이에서도 그렇다. 부모와 자녀, 남편과 아내, 장남과 차남, 형제와 자매가 서술하는 가족사는 판이하기 일쑤다. 앞서 언급한 두 사례에서처럼, 정서적인 괴로움이나 충격적인 사건은 과장되거나 왜곡되기 쉽다. 그리고 저마다의 폐쇄적인 의식 회로 속에서 기억을 한 방향으로 굳혀간다. 그런 응어리에 발목이 잡혀 삶이 일그러지기도 한다.

만일 과거가 현재를 짓누르는 듯 느껴진다면, 그것을 구성하는 경험들의 객관성을 점검해볼 필요가 있다. 그 시간을 함께했던 타인과 기억을 면밀하게 대조하는 것이다. 그 과정에서 우리는 각자의 방식으로 상황을 접수하고 있었음을 확인하게 된다. 적대적 관계에 있던 당사자들이 터놓고 대화하다 보면, 각자가 고정관념과 증오심 속에 타인의 상像을 특정한 방향으로 구성하고 있었음을 깨닫게 되는 것과 마찬가지다. 그러한 편파성은 집단의 역동 속에서 더욱 강화되는 경우도 많다. 자기가 소속해 있거나 그렇다고 믿고 싶은 어떤 범주 안에 실재를 가두어두는 것이다.

마르셀 프루스트의 말대로 "기억은 일종의 약국이나 실험실과 비슷하다. 아무렇게나 내민 손에 어떤 때는 진정제가 어떤 때는 독약이 잡히기도 한다." 그런데 그 약국 또는 실험실은 사회적으로 구성된다. 여러 가지 변수들이 작용한다. 가정환경, 학교 교육, 또래 집단, 매스미디어, 이데올로기 등을 통해 경험이 일정한 방식으로 편집되고 강화된다. 거기에 감정이라는 접착제가 가미되면서 더욱 견고해진다. 과도한 피해 의식에 이끌려 사실을 취사선택하고, 습관적인 강박에 치우쳐 자의적으로 해석하는 것이다. 그 비좁은 굴레를 벗어나 보편적인 인식의 지평으로 끊임없이 나아가야 한다. 역사를 공부하는 목적도 바로 그것이 아닐까.

예전에는 송년회를 '망년회'라고 부르기도 했다. 지난 한 해를 말끔하게 지우고 새로운 시간을 맞아들이고 싶었던 것 같다. 세월호 참사처럼 거대한 비극을 겪게 되면, 컴퓨터의 휴지통을 비우듯 기억을 삭제할 수 있으면 좋겠다는 생각이 든다. 비통한 사건들을 망각의 저편에 묻어두고 싶은 것이다. 하지만 그럴수록 악몽은 두려움 또는 죄의식과 함께 무의식을 붙잡을 것이다. 외면할수록 그 상처의 뿌리는 더욱 깊어질 수 있다. 어떻게 하면 직면할 수 있을까. 함께 아파하고 눈물 흘리면서 확인된 유대감을 사회적 기억으로 변환하여 지속시켜야 한다. 집단 트라우마의 질곡을 새로운 존재에 대한 열망으로 승화시켜야 한다. 우리가 함께 빚어내는 마음의 상자는 세상을 담아내는 그릇이다.

고독과 침묵의 어디쯤에서

"겨울 산을 오르면서 나는 본다. / 가장 높은 것들은 추운 곳에서 / 얼음처럼 빛나고, / 얼어붙은 폭포의 단호한 침묵. / 가장 높은 정신은 / 추운 곳에서 살아 움직이며 / 허옇게 얼어터진 계곡과 계곡 사이 / 바위와 바위의 결빙을 노래한다. / 간밤의 눈이 다 녹아 버린 이른 아침, / 산정山頂은 / 얼음을 그대로 뒤집어쓴 채 / 빛을 받들고 있다." (조정권, 「산정묘지·1」에서)

북반구에서 연말은 언제나 춥다. 먼 옛날, 달력을 만든 사람들은 한 해의 끝과 시작을 왜 겨울에 배치했을까. 지나온 일 년을 돌아보고 다가올 한 해를 내다보는 시선은 혹한의 날카로움 내지 투명함을 닮아 있는 듯하다. 그래서 다른 계절들과 마찬가지로 겨울도 그 정취를 맛보려면 바깥으로 나가 누리를 마주해야 한다. 잎새들을 죄다 떨구고 수척해진 풍경 앞에서 우리는 시간의 의연함을 새삼 실감하게 된다.

겨울은 고독과 침묵의 계절로 다가온다. 등산도 왠지 혼자서 해야 제격일 것 같다. 매서운 바람을 뚫고 터벅터벅 비탈을 오르는 발걸음은 각별한 운치가 있어 보인다. 그렇게 해서 다다른 산정에서 만나는 것은 아득한 결빙, 그리고 한결 명징해진 만물이다. 주변을 감싸는 정적이 육중하다. 황동규 시인이 '환해진 외로움'이라는 뜻을 담아 지어낸 단어인 '홀로움'의 경지라고 할까. 혼자 있음의 환희를 누리면서 잠시 순례자의 홀가분한 마음으로 삶을 내려다본다.

정상頂上은 승자를 비유하는 이미지로 흔히 차용된다. 최고봉에 깃발을 꽂고 만세를 부르는 산악인처럼, 혹독한 수련을 거쳐서 어느 분야의 꼭대기에 우뚝 선 이들은 세간의 갈채와 부러움을 받는다. 그러나 꼭대기가 영광의 자리만은 아니다. 모두가 우러러보지만 아무도 알지 못하는 쓸쓸함을 견뎌야 한다. 누구에게도 털어놓을 수 없는 괴로움을 혼자서 끌어안아야 한다. 그것을 마다할 때 권력과 지위와 명예는 궁상맞고 추해진다.

천하에 이름을 떨친 자들만의 이야기가 아니다. 저마다 자기 나름의 봉우리를 마음속에 품을 일이다. 아무도 함께 머물 수 없는 외딴곳이 있어야 한다. 그곳에서 내밀한 우주를 탐색할 때, 적막함은 자신의 존재 가치를 밝혀주는 빛이 된다. 세상이 그리고 스스로 부과하는 이런저런 압박과 두려움에서 조금 비켜설 수 있는 여백이 거기에서 열린다. 헨리 나우웬Henri Nouwen 신부의 말을 빌리면, "우리는 고독 속에서만 자신이 쓸모 있는 존재일까 하는 걱정 없이 편안히 늙어갈 수 있다."

고즈넉한 공간은 아늑한 평안만을 주는 것이 아니다. 그곳은 직시와 성찰이 준열하게 일어나는 자리이기도 하다. 속절없이 사로잡혀 있던 허상과 미망을 꿰뚫어보면서 더듬더듬 자화상을 응시하는 골방이다. 또 한판의 거대한 정치 소용돌이가 지나가고 잠시 집단 에너지의 자장에서 풀려나는 시간, 긴 호흡 낮은 숨결로 세상의 가장자리에 나를 세워본다. 도취와 자학의 쳇바퀴, 열광과 환멸의 악순환을 뛰어넘기 위한 기운을 가다듬어본다.

　권력이나 제도의 차원으로 전부 환원될 수 없는 것이 삶이다. 어떠한 정치적 여건에서든 일상은 그 나름의 문법으로 지속된다. 거기에서 스스로 지켜내야 할 자유의 몫이 있다. 세상이 아무리 혹독하게 자기를 몰아세우고 모멸감에 빠뜨린다 해도 존귀함을 잃지 않을 최후의 보루를 다져야 한다. 단단하면서도 부드러운 내면의 중심 말이다. 서울 성북동에 있는 고미술사학자 최순우 선생의 옛집 사랑방 현판에 걸려 있는 '두문즉시심산杜門卽是深山'(문을 걸어 잠그니 바로 이곳이 산중 깊은 곳)과 같은 곳에 종종 머물고 싶다.

　하지만 여기에서 홀로 있음은 자폐와 고립을 의미하지 않는다. 자기 안에 실존의 뿌리를 확고하게 내린 사람만이 오히려 온전하게 타인을 맞아들일 수 있다. 고독의 심연에서 새로운 존재에 대한 열망이 잉태되고, 그것을 매개로 든든한 사회적 유대가 생성될 수 있다. 마음의 깊이는 공감의 넓이로 변환된다. 밀실과 광장은 상극이 아닌 상생의 관계로 고양되어야 한다. 디트리히 본회퍼Dietrich Bonhoeffer는 말한다. "홀로 있을 수 없는 사람은 공동체를 경계하라. 함께 있을 수 없는 사람은 홀로 있음을 경계하라."

언어 | 관계 | 소통 | 상상력

2

타 자 에
대 한
상 상 력

타자에 대한 상상력

어느 중학교 교사에게 들은 말이다. 요즘 학생들이 써낸 시험 답안지를 채점하기가 점점 어려워진다고 한다. 글씨가 너무 엉망이기 때문이다. 도대체 무슨 글자를 쓴 것인지 알 수가 없을 만큼 휘갈겨 써놓는 아이들이 많다. 내용을 파악해야 점수를 매길 텐데, 해독 자체가 불가능하니 난감해지는 것이다. 하도 답답해서 그 학생들을 불러다가 문제를 제기하면, 도리어 왜 그 정도 글씨를 알아보지 못하느냐고 반박한단다. 그럴 때마다 교사는 다른 아이들을 데려다가 읽어보라고 한다. 대부분의 경우 그 친구들 역시 무슨 글씨인지 알지 못하겠다고 하고, 그제야 답안지를 쓴 학생은 머리를 긁적이며 수긍을 한단다.

아이들이 어릴 때부터 컴퓨터와 휴대전화의 자판만 두드리게 되면서 글씨 쓰기에 점점 미숙해지고 있다. 그와 함께, 다른 사람들과 글자로 소통할 일도 줄어들어 오로지 자기만 알아볼 수 있는 글씨가 굳어져 간다. 문자라는 것이 타인에게 정보를 전달하고 공유하기 위해 발명된 도구인데, 개인적인 기록만을 위한 암호로 변질되어가는 것이다. 문제는 그것이 암호인지를 모른다는

데 있다. 다른 사람들도 자기처럼 그 글씨를 알아볼 수 있을 것이라고 당연히 생각한다. 자기의 인지 체계를 벗어나 제3자의 눈으로 객관화하는 능력이 박약한 것이다.

그런데 정도의 차이만 있을 뿐, 그런 경향은 성인들에게서도 나타난다. 공공 기관이나 민간단체로부터 전화를 받을 때, 종종 그것을 확인한다. 자기를 소개하면서 소속된 조직의 이름을 밝힐 때, 약칭을 쓰는 경우가 종종 있다. '경실련'이나 '여가부'(여성가족부) 정도라면 상당히 정착된 명칭이니 별 문제가 되지 않는다. 그런데 거의 사회적으로 알려지지 않은 단체명을 몇 글자만 따서 약칭으로 "여기 ***인데요"라고 하면, "실례지만 어디라고 하셨지요?"라고 다시 물어야 한다. 자기 단체를 잘 아는 사람들끼리만 소통하는 데 익숙해져서 그렇게 표현하는 것이리라. 심지어는 "여기 연수원인데요"라고 말문을 여는 전화도 받아보았다. 연수원이 한두 군데가 아닌데, 고유 명칭을 생략해버리면 듣는 사람은 당황하게 된다.

이 글에서 지적한 언어 습관은 매우 사소한 문제로 보인다. 그러나 거기에는 매우 중요한 의식구조가 맞물려 있다. 우리가 타인을 어떤 구도 속에서 파악하는가의 문제다. 나와 상대방이 공유하고 있는 것과 그렇지 않은 것을 구별하지 못하는 것이다. 그래서 자기 위주로 상황을 바라보면서 언어를 구사하게 된다. 생각해보면 소통의 어려움은 거의 모든 경우, 그러한 입장과 전제의 괴리를 객관화하지 못한 데서 비롯된다. 맥락 자체가 너무 다르기 때문에, 똑같은 개념을 말하면서도 전혀 엉뚱하게 해석하게 된다.

사람이 성숙한다는 것은 이질성에 대한 이해력 내지 포용력이 넓어지는 것을 의미한다. 삶의 규칙이 매우 다른 타인을 그 나름의 조건 속에서 파악하고 받아들이는 너그러움, 이것은 점점 복잡하고 거대해지는 우리 사회에서 절실하게 요구되는 덕성이라고 할 수 있다. 그런데 실제로는 정반대로 간다. 동질적인 사람들끼리만 어울리면서 동어 반복하는 경우가 많다. 선거에서 트위터의 영향력이 예상보다 크지 않은 것도 정치적 성향이 비슷한 집단 내에서만 정보가 유통되기 때문이다. 정치 이외에도 경제 수준, 세대, 취향 등에서 유유상종의 경향이 점점 짙어지는 듯하다.

2011년 한국교육개발원과 한국청소년정책연구원은 36개국 청소년을 대상으로 조사한 '사회적 상호작용 역량지표'를 발표했다. '사회적 상호작용 역량'이란 '이질적인 상대와 조화롭게 살아가는 능력'이라고 정의되면서 관계지향성, 사회적 협력, 갈등관리의 영역으로 내용이 구성된다. 그러한 개념으로 설정된 지표를 가지고 36개국을 비교 조사한 결과, 한국이 35위를 기록했다. 낯선 존재와 관계를 맺고 원활하게 소통하면서 일을 도모하는 능력이 현저하게 떨어지는 것이다.

나와 다른 존재는 불편하고 때로 두렵기까지 하다. 그러나 때로는 삶의 단조로움에 신선한 도전이 되기도 한다. 자기를 상대화하면서 새로운 것으로 나아가는 계기가 거기에서 주어지기 때문이다. 사회의 변화가 빠르고 정보의 유통이 거대해지면서 사람들의 생활 세계는 점점 다양해진다. 그럴수록 '타자'에 대한 상상력이 점점 절실해진다. 그 유연성이 부족하기에 외국인 혐오증 같은 사악한 기운이 득세한다. '차이'가 자아내는 긴장을 창조적인 역동으로 승화시키는 문화는 어떻게 가능할까. 니체의 말을 빌려 '익숙하지 않은 것에 대한 호의'를 마음의 습관으로 키워가는 데서 그것은 시작된다.

이야기는 힘이 세다

소설가 조정래 선생이 텔레비전 대담 프로그램에서 유년의 기억을 떠올린 적이 있다. 초등학교 시절 어느 집 사랑방에 동네 머슴들이 모여 앉아 밤이 깊도록 이야기를 나누곤 했는데, 어린 조정래는 거기에 종종 매료되었다. 사람들이 어쩌면 저렇게 재미있게 말을 할 수 있을까. 그 언어의 마술에 하염없이 빠져들다 보면 숙제도 잊어버려, 다음 날 학교에 가서 선생님에게 매를 맞은 적도 있다고 한다. 이 시대의 큰 이야기꾼은 어릴 때부터 말의 묘미에 그렇게 사로잡혔다.

머슴들이 고상한 대화나 심각한 토론을 나누었을 것 같지는 않다. 화제의 대부분은 자신이나 가족, 이웃들의 경험, 마을에 흘러다니는 이야기였으리라. 텔레비전이 없었고 신문과 라디오도 귀했던 당시에 가장 훌륭한 미디어는 단연코 사람이었다. 대부분의 소통이 직접적인 대화로 이뤄졌기에 살아가면서 웬만큼의 입담을 체득했다. 그리고 말솜씨가 다소 서툴러도 이심전심으로 통할 수 있었다.

인간의 소통에는 정보 전달 이상의 것이 있다. 언어도 단지 표현의 수단이 아니다. "내가 그의 이름을 불러주었을 때/그는 나에게로 와서/꽃이 되었다"는 시 구절처럼 인간의 언어에는 대상을 새롭게 빚어내는 힘이 있다. 우리는 언어를 통해 리얼리티에 의미를 입히고, 그렇게 형성된 상징 공간은 또 하나의 리얼리티가 된다. 그 부피가 넉넉할수록 인생은 살 만한 것으로 느껴진다. 그리고 화자話者들 사이에 공동의 경험 세계가 두터울수록 언어는 큰 울림으로 진동한다.

미디어의 혁신이 숨 가쁘게 이뤄지는 요즘, 우리는 그 어느 시대보다도 풍부한 언어와 상징을 공유하며 살아간다. 언제 어디서든 인터넷이 접속되고, 소셜 미디어를 통해 엄청난 이야기들이 생성되고 유통된다. 쇄도하는 데이터를 훑어보는 일에 두뇌가 혹사당하는 느낌이 들 정도다. 그런데 그 가운데 얼마만큼이 삶의 자양분으로 스며들까. 너무 많은 정보가 일회용 심심풀이로 소모된다. 단편적이고 피상적인 자료의 집적으로 생각과 대화의 마당을 넓히기는 어렵다.

미디어를 거부하고 오프라인만 고수하자는 이분법이 아니다. 균형과 조화가 중요하다. 현란한 이미지와 선정적인 뉴스에 미혹되어 마음의 창조력이 고갈되고 있지 않은지, 발신에 대한 강박 때문에 경청의 여백이 위축되지 않는지 이따금 점검해볼 일이다. 가족과 친지들이 모여 앉았는데 마땅히 나눌 말이 없다면, 언어의 실타래를 풀어내고 이어가는 문화 유전자가 퇴화되고 있지 않은지 자문해보아야 한다. 무엇이 말문을 가로막는가.

자녀 동반으로 외출하는 부모들이 지하철에 앉아 어린아이에게 휴대전화를 쥐어주는 모습을 자주 보게 된다. 아이는 그것으로 게임을 하거나 저장되어 있는 사진들을 훑어보느라 삼매경이다. 스마트폰은 흥미진진한 기능과 프로그램이 많아 더욱 쉽게 몰입한다. 덕분에 부모는 편안하게 시간을 보낼 수 있다. 하지만 모처럼의 가족 나들이가 사뭇 외로워 보인다.

스토리텔링의 줄기세포는 재생될 수 있을까. 가능하다. 그러나 시간이 걸린다. 꾸준한 연습이 필요하다. 글쓰기도 도움이 될 것이다. 생활의 사소한 경험들을 찬찬히 살피고, 거기에 묻어나는 마음의 움직임들을 헤아려보자. 생각과 감정의 미동微動을 알아차리는 즐거움은 쏠쏠하다. 타인과 나누고 싶은 충동이 저절로 솟구친다. 소통과 교감에서 일어나는 공명은 삶의 격조를 드높이고 만성적 실어증을 자연스럽게 치유해준다.

왜 스토리텔링인가. 거기에는 문화산업의 경쟁력 차원보다 더욱 소중한 부가가치가 담겨 있다. 삶의 서사를 통해 우리는 존재의 이유를 만나는 것이다. 불안과 망상이 가중되는 세상에서, 당당한 내면의 항체를 배양할 수 있다. 갖은 괴로움과 굴욕으로 꼬이기 쉬운 인생, 그 가닥을 다잡으며 꿋꿋하게 밀고 나갈 수 있는 힘을 거기에서 얻는다. "모든 슬픔은, 그것을 이야기로 만든다면 견딜 만해진다." 극작가 이사크 디네센Isak Dinesen의 말이다.

리얼리티를 빚어내는 말의 힘

오래전에 어느 택시 운전사에게 들은 이야기 하나가 떠오른다. 새벽 4시쯤에 잡아탄 택시의 운전사는 30대 여성이었다. 이런저런 대화를 나누다가 한 가지 궁금증이 생겨 슬쩍 물어보았다. 이렇게 늦은 새벽까지 손님들을 태우다 보면 술 취한 남성들도 적지 않을 것이고, 젊은 여성 운전자인 당신을 불편하게 하는 이들도 종종 만나게 될 터인데, 그럴 경우 어떻게 대처하는가. 그분은 싱긋 웃으며 자기 나름의 응대 방식을 알려주었다. 우선 손님의 말투나 태도 등에서 왠지 치근덕거릴 것 같은 낌새가 느껴지면, 대화를 적극적으로 주도한다. 여러 가지 질문을 던지고 답을 들으며 즐거운 분위기를 만들어놓고, 자연스럽게 세상에 대한 비판과 개탄을 한다. 그러고 나서 화제를 한국 남성들 쪽으로 옮겨간다. 요즘 남자들 치졸하기 짝이 없는 경우가 많고, 사람들 앞에서는 멀쩡하고 신사다운 척하지만 보이지 않는 곳에서는 엉큼한 본색을 드러내기 일쑤다. 이런 식으로 남자들에 대한 성토를 늘어놓은 다음에 던지는 한마디가 결정적이다. "그런데 손님은 전혀 다르시네요. 참 점잖으시잖아요." 손님의 인격에 대한 극찬을 아끼지 않는 것이다. 효과는 백발백중이라고 한다. 그 칭찬을 들은 남자 승객들치고 쓸데없는 말로 자신을 곤란하게 한 경우는 단 한 번도 없었다는 것이다.

언어는 어떤 상황을 빚어내고 그 안에서 사람들의 행동 양식을 규정한다. 더 나아가 인간의 말에는 새로운 리얼리티를 창조하는 신비가 있다. 김춘수의 「꽃」에 나오듯 상대를 어떤 이름으로 불러주느냐에 따라 여러 가지 빛깔과 향기를 드러낸다. 부모나 교사의 한마디 격려가 아이의 눈빛을 반짝이게 한다. 의사의 말 한마디가 환자의 치유에 결정적인 보약이 된다. "당신이 진료받으러 올 때까지 내가 살아 있을지 걱정입니다. 아무 문제없으니 20년 뒤에나 오세요." 중병으로 고생하다가 퇴원하는 환자에게 의사가 건넨 말이라고 한다. 의료 현장에서 의료진과 환자의 소통이 얼마나 중요한지에 대해 점점 인식이 분명해지고 있으며 의과대학에서도 그 방법을 연구하고 교육하는 데 힘을 쏟고 있다.

그것은 엄밀하게 말해 '화술'만은 아니다. 이러이러한 상황에서는 이런 말로 동기를 부여하라는 식의 매뉴얼들이 많이 나와 있지만, 누구나 그렇게 말한다고 해서 효험이 있는 것은 아니다. 코드나 기법보다 중요한 것은 그 아래 깔려 있는 마음이기 때문이다. 상대방의 존재 가능성을 진정으로 신뢰하지 않으면 아무리 좋은 표현들을 늘어놓는다 해도 빈말로 흩어져버리기 쉽다. 그 사람의 품격을 드높여주고자 하는 충심衷心이 넘쳐 언어로 담길 때 변화를 불러일으키는 힘이 된다.

아프리카의 '벰바Bemba'라는 부족의 풍습 한 가지가 언어의 힘을 실감하게 해준다. 그 부족에서는 누군가가 잘못을 범하면 공동체 차원에서 대응한다. 마을 사람들 모두 한자리에 빙 둘러앉아 한가운데에는 죄를 지은 사람을 불러 세운다. 참석자 모두가 한마디씩 하기 위해서다. 만인이 나서서 범죄자를 심문하고 성토하는 살벌한 인민재판을 연상케 하는 장면이다. 그러나 주민들의 입에서 나오는 말들은 전혀 다르다. 가운데 서 있는 주인공이 무슨 잘못을 했는지에 대해서는 일절 언급하지 않는다. 그 대신 그 사람이 자신에게 잘해준 것, 그 사람이 그동안 공동체를 위해 베풀어준 미덕 등을 이야기한다. 어린아이에서 노인에 이르기까지 한 사람도 빠짐없이 발언을 해야 한다. 중간에 막히거나 시간이 모자라면 흩어졌다가 다시 모이는 식으로 하는 이 의례는 며칠 동안 이어질 때가 많다고 한다. 그리고 이 부족은 다른 부족에 비해 범죄나 갈등이 매우 적다고 한다.

갈등으로 비화될 수 있는 상황을 지혜로운 언어의 힘으로 극복한 사례가 또 있다. 몇 해 전 청주의 어느 임대 아파트 화단에 팻말 하나가 세워졌다. '이 꽃들을 살려주세요.' 내막은 이러했다. 수도 요금이 밀린 주민들이 점점 늘어나 단수斷水라는 행정 조치를 취할 수밖에 없는 상황이 되었다. 그런데 수도국에서는 다른 방법이 없을까 고민하다가 화단에 꽃을 심고 그 팻말을 붙이기로 한 것이다. 주민들이 계속 요금을 체납하면 수도가 끊기고 그렇게 되면 이 꽃들이 말라 죽을 테니 도와달라는 애원이었다. 다행히 주민들은 그 메시지를 너그럽게 받아들여 밀린 요금을 내기 시작했다고 한다. 지금 우리에게 필요한 것은 사람의 마음이 어떻게 움직이는가를 섬세하게 읽어내는 감수성 그리고 그 결을 따라 행위의 질서를 빚어내는 언어다.

유머의 품격

남북이산가족 상봉단 기념 만찬장에서 성희롱적인 건배사를 건넨 대한적십자사 부총재가 따가운 여론을 견디지 못해 사퇴한 일이 있다. 그는 당시 대한의사협회장이기도 했는데, 일부 의사 집단은 의사의 명예를 실추시켰다며 그 직책에서도 물러나라고 촉구하고 나섰다. 고위직 인사의 망언 스캔들은 잊을 만하면 터져 나온다. 어느 대학 총장은 강연회에서 여성의 몸을 음식에 비유해 발언하여 빈축을 산 적이 있다. 그런가 하면 어느 정치인은 자원봉사로 저소득층을 위한 연탄 배달을 하면서 아프리카계 유학생에게 '연탄색과 얼굴색이 똑같다'고 말해 호된 질타를 받았다.

일찍이 철학자 베르그송이 『웃음』이란 책에서 간파했듯이, 타인을 웃길 수 있는 능력은 인간에게만 주어진 특권이다. 여럿이 한꺼번에 까르르 웃음을 터뜨리면서 나누는 희열이 다른 동물들에게는 허락되지 않는다. 그것은 사람이 사람과 더불어 도달할 수 있는 최고의 경지 가운데 하나다. 재치 있는 한마디가 산뜻한 활기를 불어넣는다. 유머 감각은 어느 인간관계에서나 매력 포인트로 작용한다.

그런데 유쾌한 웃음을 자아내는 농담을 구사하기란 쉽지 않다. 상황에 적절하게 녹아드는 농담은 화기애애하게 반짝이지만, 자칫 조금만 어긋나도 어색함과 불편함을 자아낸다. 모처럼 웃겨보려 했는데 썰렁한 반응이 되돌아올 때가 있다. 웃음 대신 쓴웃음이나 코웃음 또는 비웃음이 흘러나오기도 한다. 더 나아가, 상대방에게 불쾌감을 불러일으키는 경우도 많다. 유희遊戲와 농담弄談이 삐끗 도를 넘으면서 희롱戲弄으로 돌변하는 것이다. 뿌듯한 일체감으로 고양될 수 있었을 마음이 짜증과 모멸감으로 흐트러져버린다.

해학이 추잡醜雜으로 흐르지 않도록 하기 위해서는 분위기 파악에 능해야 한다. 듣는 사람의 심경을 헤아리는 직관이 요구된다. 그것은 타고난 자질이면서, 경험 속에서 체득되는 감각이기도 하다. 우리는 다양한 사람들과 어울리면서 소통의 섬세한 기술을 익혀갈 수 있다. 나의 발언이나 행동이 뜻하지 않게 상대방의 부정적인 반응을 불러일으키는 시행착오를 겪으면서 자신을 객관화하고 상대화하는 방법을 배운다.

거기에서 중요한 것이 피드백이다. 부적절한 농담을 했을 때 말로든 표정으로든 그 말을 듣는 기분이 어떤지를 솔직하게 전해주는 관계가 중요하다. 나도 젊은 시절 아무 자리에서나 음담패설류의 농담을 분별없이 늘어놓곤 했다. 그런데 그것을 그냥 흘려 넘기지 않고, 내가 얼마나 바보짓을 하고 있는지를 따끔하게 일깨워준 분들(주로 여성들)이 있었다. 몇 차례의 시정 권고를 받으면서 나는 너절한 언어 세계에서 서서히 벗어날 수 있었다.

성적 망언으로 물의를 빚는 고위직 인사들은 대개 어떤 사람들과 어울리는 것일까. 그런 말들로 맞장구치며 쾌감을 나누는 유유상종 인간들, 유쾌하지 않지만 가면을 쓰고 딸랑딸랑 박수를 보내는 아첨꾼들, 그리고 비위가 거슬려도 감히 표현하지 못하고 숨죽이고 있는 약자들이다. 공식 석상이든 술자리에서든 기분 내키는 대로 말을 늘어놓아도 아무런 문제가 생기지 않는 동질적 폐쇄 집단 내지 비민주적 권력관계에 익숙해져 있는 것이다. 그래서 전혀 다른 감수성을 갖고 있는 사람들에 대한 상상력과 분별력이 퇴화되어버렸다.

그러나 상대방의 심기가 불편해질까 봐 말조심하는 정도로는 충분하지 않다. 조금만 방심하면 언제든 실언할 수 있기 때문이다. 근본적으로 유머의 차원이 달라져야 한다. 성적인 은유나 암시에 의존하지 않고도 통쾌한 웃음을 자아낼 수 있는 익살의 세계에 입문해야 한다. 남자와 여자가 거슬림 없이 즐길 수 있는 언어의 유희에서 마음의 근육은 튼실해진다. 삶을 통찰하고 현실을 초탈하는 풍자에서 우리는 존재의 새로운 가능성을 엿볼 수 있다.

그런 경지에 이르지 못해 저속한 정신세계를 만인 앞에 노출하면서 망신당하는 고위직 인사들은 사회의 투명한 자화상이다. 태연하게 그런 언사를 늘어놓는 습관, 비웃음을 웃음으로 착각하면서 유치한 말장난을 일삼는 타성에 우리는 언제라도 감염될 수 있다. 항체는 무엇인가. 나와 타인 사이의 차이를 민감하게 식별하면서 그 간극을 놀이의 에너지로 승화시킬 수 있는 마음이다.

공적 언어에 담기는 것

평생교육 시대를 맞아 사회 곳곳에서 다양한 배움의 장이 마련되고 있다. 그 가운데 큰 비중을 차지하는 것이 강연이다. 강연회에는 사회자가 있다. 그의 역할은 강사를 소개하면서 청중들이 마음을 모을 수 있도록 분위기를 만드는 일이다. 사회자가 그것을 잘해내면 강사도 긴장을 크게 덜 수 있다. 첫 대면의 낯섦과 서먹함이 풀리는 것이다. 그런 점에서 사회자는 소통의 촉매자라고 할 수 있다.

그런데 관청이 주최하는 강연회에서는 그것을 기대하기 어려울 때가 많다. 사회자에게는 미리 대본이 주어지는데 내용이 천편일률적이다. "바쁘신 가운데 참석해주셔서 감사합니다. 이번시간 강의를 맡아주실 분은 〔……〕 강사님이 나오실 때 큰 박수로 맞아주시기 바랍니다." 대다수 사회자는 이런 '문서'를 또박또박 읽어내린다. 특히 수강생 가운데 한 명이 선정되어 진행을 맡는 교원 연수나 공무원 교육에서 거의 그렇게 한다.

그것은 정보의 전달이지 소통이 아니다. 거기에는 자기의 말이 전혀 없다. 청중에게 시선 한 번 주지 않고 기계적으로 임무를 수행한다. 그런 식으로 소개받는 강사는 신이 나지 않는다. 청중들의 표정이 굳어 있기 때문이다. 그래서 나는 미리 부탁할 때가 많다. 그렇게 딱딱하게 읽지 말고 자연스럽게 말문을 열어달라고 주문한다. 멋지게 말하지 않아도 좋다고, '점심 식사 맛있게 하셨어요?' '오늘 날씨가 많이 춥죠?'처럼 친구를 만났을 때 건네는 친근한 인사로 시작하면 된다고 안심시킨다. 하지만 대개 그분들은 곤혹스러워하면서 그냥 주어진 방식대로 한다.

한국의 공적인 의례에서는 생동하는 언어를 접하기가 어렵다. 웬만한 행사에 빠지지 않는 인사말이나 축사를 보자. 고위 공직자들은 자신의 발언 순서나 자리 배치에는 무척 민감하지만, 그 메시지의 품격에는 별로 신경 쓰지 않는다. 담당 부하 직원이 써서 건네준 글을 무미건조하게 낭독하는 경우가 많다. 많은 사람들 앞에 얼굴을 내밀고 사진 찍는 데에 골몰하는 높은 양반들이 판에 박힌 식사式辭를 연거푸 늘어놓는 가운데, 참석자들은 지루하고 짜증이 난다. 민주화 시대가 열린 지 오래지만, 정치와 행정의 권위주의 문화는 크게 달라지지 않은 듯하다.

인간에게 공공 영역은 무엇인가. 국가와 시민사회의 토론과 의사 결정이 이뤄지고 제도가 작동하는 토대다. 그런데 공공 영역의 의미는 그러한 기능적 효용성에만 있는 것이 아니다. 그것은 그 자체로 인간에게 고양감과 충만함을 불러일으킨다. 콘서트장이나 스포츠 경기장은 관객들에게 즐거운 긴장을 자아낸다. 사사로운 세계에서 경험하는 것과 전혀 다른 차원의 만남과 교감이 이뤄지기 때문이다. 익명의 타자들과 감정을 나누고 의미를 공유하는 기쁨은 사뭇 크다. 토크 콘서트가 수많은 사람들을 불러 모으는 까닭, 바로 공감과 소통이다.

그것은 화술의 문제가 아니다. 인간을 감동시키는 것은 언어의 기교가 아니다. 안으로부터 우러나오는 진솔한 감정, 사물에 대한 신선한 통찰, 정밀한 개념과 간결한 표현, 맥락에 걸맞은 예화, 산뜻한 유머 감각, 상대방의 심경을 섬세하게 헤아리고 감싸는 이해력 등이 배합될 때 마음은 움직인다. 그것은 고위 공직자들에게 요구되는 능력이나 자질과 밀접하게 연관된다. 지위에 따라 붙는 권력에 연연하지 않고 일 자체의 의미를 추구하면서 더 나은 세상에 대한 열망으로 정진하는 '영혼이 있는' 지도자는 언어를 통해 그 기운을 자연스럽게 퍼뜨린다.

해마다 2월이면 곳곳에서 졸업식이 열린다. 그리고 5년에 한 번 대통령이 새로 선출되고 취임식이 거행된다. 그 의례들의 핵심을 이루는 축사와 취임사가 상투적이고 따분한 요식 행위가 되지 않았으면 좋겠다. 구성원들의 소망을 공동의 높은 뜻으로 모아내고 소속집단에 대한 자부심을 북돋는 울림을 기대한다. 참석자들의 마음속에 오래 남고 그 시공간을 넘어 역사적으로 종종 되새겨지기까지 하는 명연설들에는 그런 힘이 있다. 위엄을 갖추었으되 경직되지 않고 가슴을 뛰게 하되 경박하지 않은 수사학, 그것은 한 사회가 빚어내는 공적 행복감의 표현이다.

직언에 대하여

어느 재단이 주최하는 작은 행사에서 있었던 일이다. 그 재단
의 지원금을 받는 민간단체 실무자들이 사업 성과를 공유하는 워
크숍이었고, 앞 순서에 이사장의 인사말이 예정되어 있었다. 그
런데 진행을 맡은 실무자가 불안한 기색을 드러냈다. 이유를 물
어보니, 이사장은 한번 마이크를 잡으면 30분은 거뜬히 이야기한
다는 것이다. 조직의 우두머리가 말씀하시는데 끊을 수도 없고
매번 난감하다고 실토했다. 아니나 다를까, 이사장은 그 재단이
얼마나 훌륭한지 여러 가지 자료까지 곁들여가며 거의 강의를 하
다시피 했다. 다행히(?) 20분 만에 끝났다.

참석자들은 자신들을 지원하는 재단인 만큼 지루함을 내색하
지 못하고 묵묵히 경청했지만, 실무자는 미안함과 초조함을 감추
지 못했다. 이사장은 분위기 파악을 못한 채 꿋꿋하게 말을 이어
갔다. 실무자는 행사 때마다 그런 곤경에 처하지만, 직원 가운데
어느 누구도 감히 지적하지 못한다고 했다. 대부분의 조직이 그
러하듯, 이 재단에서도 최고 권력자는 자신의 결점에 대해 아무
런 피드백을 받지 못하고 있었다. 내부에서 걸러지지 않은 오점

은 매번 그렇듯 적나라하게 드러나 버린다.

높은 자리에 오를수록 직언하는 사람이 가까이 있어야 하는데, 권위주의 문화가 짙은 한국의 많은 조직에서는 그렇지 못하다. 권력이 막강할수록 언로는 더 막혀 있다. 특히 대통령의 경우, 쓴소리하는 측근들이 없다는 지적을 종종 받는다. 어떤 총리는 '할 말은 하겠다'고 큰소리치며 취임하기도 했지만 그런 모습을 전혀 보여주지 못했다. 최고 인사권자의 낙점을 받은 사람들은 고분고분하게 지시 사항을 받아 적기에 바쁘다. 또는 감언甘言으로 비위 맞추기에 급급하다. 그 결과 엉뚱한 파문들이 끊이지 않고, 권력 집단 전체가 국민들의 지탄을 받는다.

직언이 실종된 상황과 대조적으로, 우리 사회에는 온갖 폭언들이 넘쳐난다. 인터넷의 악성 댓글, 근거가 분명하지 않은 괴담, 끼리끼리 모여서 부풀리는 험담, 특정 집단에 대한 악담과 혐오 발언, 사소한 갈등에도 곧바로 터져 나오는 욕설, 상황을 일방적으로 규정하며 내뱉는 극언, 해괴하고 허황된 논리로 점철된 망언…… 다양한 상황에서 여과되지 않은 채 쏘아붙이는 막말들로 인해 상처를 주고받고 파국을 자초하기도 한다.

직언과 폭언은 직설 화법이라는 공통점을 갖는다. 에둘러 표현하지 않고 핵심을 바로 찌르는 것이다. 그러나 전자는 미덕으로 장려되고 후자는 악덕으로 지탄받는다. 폭언은 상대방에게 모욕과 상처를 준다. 설령 그 내용이 맞다 해도 발언의 의도가 공격적이기에 관계에 균열을 일으킨다. 반면에 직언은 어떤 잘못을 지적하되 그 궁극적인 목적이 상대방의 변화와 상황의 개선에 있다. 당사자들 사이의 사소한 자존심 싸움을 넘어서 공동체나 공공성의 구현을 바라는 순수함이 거기에 깔려 있다.

직언은 사적인 영역에서도 필요하다. 가족, 친구, 연인, 스승과 제자 등의 관계에서 상대방의 잘못을 냉정하게 지적해주어야 할 때가 있다. 어설픈 위로나 상투적인 격려보다 따끔한 직격탄이 훨씬 도움이 되는 것이다. 그런데 그런 도움을 주고받기가 실제로는 쉽지 않다. 나름대로 애정 어린 지적과 충고를 했건만, 상대방에게는 잔소리로만 들리는 경우가 많다. 아끼는 심정으로 훈계를 했는데 결과적으로 꼰대질이 되어버리기 일쑤다. 표현 방식과 언어 감각 그리고 그 이면에 깔려 있는 경험의 차이가 그러한 간극을 낳는다.

그러나 더욱 근본적으로는 조언자가 자신의 동기를 짚어보아야 한다. 문제를 지적하면서 모종의 우월감을 확인하고 싶어 하는 건 아닌지, 평가하고 판단하면서 어떤 권력을 휘두르고 있지는 않은지 자문해볼 일이다. 직언의 궁극적인 목적은 상대방의 성장이어야 한다. 그의 삶이 나아지기를 진정으로 바라는 마음을 갖고 있는가. 위에서 내려다보거나 대상화하는 것이 아니라, 곁에 서서 같은 눈높이로 길과 비전을 탐색하는가. 멘토가 꼰대와 구별되는 지점은 바로 거기에 있다.

그러나 순수한 의도로 조언을 하는데도 귀담아 듣지 않고 방어막을 치기만 하는 사람들이 있다. 스스로의 모습을 직면하려 하지 않는다. 무엇이 문제인가. 현재의 자기를 미완의 존재로 여기면서 끊임없이 완성해간다고 생각하면, 직언은 감사한 선물이 된다. 반면에 취약함을 감추려고만 하면 불손한 참견이나 성가신 지적으로 여겨진다. 권력욕이나 허위의식에 사로잡혀 있으면, 또는 자존감이 너무 낮으면 그렇게 반응한다. 과도한 자기애 그리고 허약한 정체에 대한 두려움의 극복이 관건이다.

고립과 우울에서 벗어나려면

우울증은 전 세계적으로 환자가 계속 늘어나고 있고 치료에도 많은 어려움이 따른다. 사람은 왜 우울증에 걸리는가. 최근 진화론적인 관점에서 그 질병의 정체를 규명하려는 시도가 흥미롭다. 우울증에 걸린 사람들의 두뇌를 살펴보면 편도체가 과도하게 활성화되어 있다고 한다. 편도체란 공포와 불안과 슬픔을 느끼도록 해주는 부위인데, 물고기들도 그것을 지니고 있다. 천적이 나타나면 편도체가 신호를 보내서 스트레스 호르몬을 분비하고 그것이 온몸의 근육을 활성화함으로써 재빨리 도망가게 해준다. 말하자면 그것은 일종의 자기방어 장치라고 할 수 있다.

그런데 물고기를 어항에 가두어두고 그 안에 천적을 함께 집어넣어 그에게 쫓겨 다니는 생활을 한 달 정도 지속시키면 우울증에 걸려버린다. 스트레스 호르몬이 너무 오랫동안 계속 분비되면 뇌에 이변이 일어나고 손상을 입는다. 영양물질이 부족해져서 뇌의 신경세포들이 위축되기 때문이다. 그래서 그 물고기들은 정상적인 물고기들에 비해 움직임이 매우 저조하다. 방 안에 처박혀 꼼짝하지 않는 우울증 환자의 무기력한 모습을 닮았다. 사람도 물고기처럼 공포와 불안에 너무 오랫동안 노출되어 있으면 감정이 마비된다. 극심한 생활고나 지나친 경쟁 등이 우울증의 원인이 되는 것이다.

그런데 포유류 단계에서 편도체는 천적 말고 또 다른 상황에 반응하기 시작했다. 바로 고독이다. 예를 들어 어린 시절에 질병 치료 때문에 사육사에 의해 격리되어 양육된 침팬지는 다 자라서도 무리에 섞이려 하지 않고 혼자서 가만히 지내는 경우가 많다고 한다. 외로움이 우울증을 유발한 것이다. 사람은 그러한 사회적 고립에 더욱 취약하다. 사회신경과학자 존 카치오포는 『인간은 왜 외로움을 느끼는가』*라는 책에서 관계의 단절이 건강을 어떻게 손상시키는지를 밝히고 있다. 그에 따르면 인간은 오랜 진화 과정에서 '사회적 유대'가 생존에 유리하다는 것을 터득하게 되었고 '외로움'을 고통스럽게 느끼도록 유전자가 형성되었다. 따라서 한국처럼 일인一人 가구가 급증하고 교류와 소통이 희박해지는 사회에서 우울증은 계속 늘어날 것이다. 어떻게 대처해야 할까.

서울 마포구는 2012년 4개월 사이에 여덟 명이 투신자살한 성산동 임대 아파트 주민들을 대상으로 1년 이상 자살예방 사업을 벌여 자살을 크게 줄였다고 한다. 그 가운데 중요한 프로그램으

---

* 존 카치오포·윌리엄 패트릭, 『인간은 왜 외로움을 느끼는가』, 이원기 옮김, 민음사, 2013.

로 꼽히는 것은 합창단과 바느질 공방이다. 둘 다 어떤 목표를 정해놓고 자신의 잠재력을 일깨운다는 공통점이 있다. 배움과 연마를 통해 자기를 향상시켜가는 것이다. 그리고 두 가지 모두 신체 활동을 매개로 공동의 경험을 빚는다는 점도 비슷하다. 자기 안에 갇혀 있던 마음을 공동체에 접속시켜 기쁨의 에너지를 나누는 것이다. 핵심을 요약하면 '성취감'과 '유대감'이다. 무언가를 이뤄내는 보람과 타인과 연결되는 뿌듯함, 바로 그것이 살아 있음을 느끼게 해준다.

다시 우울증 이야기로 가보자. 인간이 출현하면서 다른 영장류에게는 없는 또 하나의 우울증 인자因子가 생겨났다. 그것은 다름 아닌 언어다. 인류는 언어를 통해 다른 사람의 경험을 자기 것으로 만들고 거기에 감정까지 결부시킬 수 있게 되었다. 그리고 언어로 구성된 상징계, 물질세계보다 훨씬 광활한 의미의 우주를 살아가기 시작했다. 그래서 이야기를 주고받으면서 또 하나의 리얼리티를 살아가고 거기에서 희로애락을 경험한다. 누군가 내게 던진 한마디에 기쁨이 솟구치기도 하고 정반대로 절망하고 우울증에 빠지기도 하는 것이 인간이다. 사이버 공간을 통해 전달된 악담에 시달리다가 자살에까지 이른다.

성산동 임대 아파트에서는 주민들이 디제이로 참여하는 라디오 방송도 선보였다고 한다. 이미 다른 몇몇 지역에서 공동체 라디오 프로젝트가 진행되고 있다. 인터넷을 활용해 장애인들이 제작하고 진행하는 방송 채널도 여러 개 출범했다. 방송은 새로운 언어 공간을 창출한다. 거기에서 사람들은 자신의 일상을 공적인 차원으로 승화할 수 있다. 사소한 경험을 스토리로 가공하고 소통하면서 가난이나 장애에 짓눌리지 않을 기력을 얻을 수 있다. 잔혹한 현실에 압도당하지 않고 살아갈 이유를 찾아가는 대화의 세계에 초대되면서 우리는 인간으로서 존귀함을 깨닫는다.

보이는 것과 보이지 않는 것

중국 송나라 때 화원(지금의 화가와 같은 관직)을 선발하는 시험에 이런 문제가 있었다. '꽃을 밟고 달려온 말발굽의 향기'를 그림으로 표현하라. 얼핏 생각하면 쉽게 그릴 수 있을 듯하지만, 꽃이나 말을 그리면 모두 탈락했다고 한다. 그렇다면 꽃내음을 어떻게 나타내라는 말인가. 그것도 말발굽에서 나오는 향기를 말이다. 과연 어떤 작품이 최고의 상을 받았을까. 흙바람을 따라 날아오르는 한 무리의 나비를 그린 작품이었다고 한다. 과연 예술가의 상상력은 무릎을 치게 한다.

고 신영복 선생의 『담론』*이라는 책에는 어느 신문사의 기획으로 우크라이나를 취재차 방문했을 때의 일화 한 편이 실려 있다. 키예프 공원의 전승기념탑 앞에서 기자들과 사진을 찍기로 했는데, 아무리 둘러봐도 탑이 없었다. 어둠이 내려앉을 무렵이라서 초조한 마음으로 안내인에게 물어보니 가까이에 있는 여자 동상 하나를 가리켰다. 선생은 워싱턴 전쟁기념관의 기념탑처럼

* 신영복, 『담론』, 돌베개, 2015.

완전군장을 한 해병들이 진지에 성조기를 세우는 조형 같은 것을 떠올렸는데, 그냥 여자 한 명의 동상이 전승을 기념한다고 해서 의아해했다. 그러자 안내인이 이렇게 설명을 해준다. "전쟁에서 이겼다는 것은 전쟁에 나간 아들이 죽지 않고 돌아온다는 걸 의미한다. 어머니가 돌아오는 아들을 언덕에서 기다리는 것만큼 전승의 의미를 표현할 수 있는 것이 있는가?"

보이는 것을 통해 보이지 않는 것을 형상화하는 힘이 예술에 있음을 잘 보여주는 예화들이다. 예술가들은 일상적인 인지와 감각의 문법에 제동을 걸고 낯선 시선으로 그 본질을 통찰한다. 미처 보지 못했거나 막연하게만 느끼고 있던 그 무엇을 들춰내는 것이다. 따라서 진정한 예술은 전혀 엉뚱하고 뜬금없는 미궁으로 우리를 이끄는 것이 아니다. 그것은 허구이면서도 현실과 밀접하게 연관된다. 일찍이 괴테는 "예술만큼 세상에서 도피하기 좋은 방법은 없다. 그러나 예술만큼 확실하게 세상과 이어주는 것도 없다"고 설파했다. 피카소도 "예술은 우리가 진실을 깨닫게 만드는 거짓이다"라고 비슷한 관점을 피력했다.

이것은 더 넓은 맥락에서 놀이의 본질과도 일맥상통하는 바가 있다. 놀이 또한 현실을 넘어서면서 동시에 그것을 새롭게 바라볼 수 있는 눈을 열어주기 때문이다. 놀이는 삶의 질서에서 잠시 이탈하여 또 하나의 질서를 창조함으로써 고루한 일상과 습속을 상대화시킨다. 그런 점에서 예술과 놀이의 핵심은 '자유'다. 자유로운 인간이 그것을 즐길 수 있고, 그것을 즐기다 보면 자유로워질 수 있다. 기존의 틀에 얽매이는 마음가짐으로는 그 경지에 도달할 수 없다. 또는 예술과 놀이를 통해서 그러한 틀로부터 풀려날 수도 있는데, 그것이 바로 창의성이다.

창의성이란 한마디로 '상자 바깥에서 사고하는 것'이다. 그것은 이제 예술뿐만 아니라 사회의 많은 영역에서 부가가치를 생산하기 위한 능력으로 강조되고 있다. 창의적인 발상을 위해서는 무엇이 필요할까. 그 능력은 교육이나 훈련으로 키워질 수 있는 것인가. 창의성에 대한 이론을 보면 여러 요소들을 분석하고 제시하는데, 가장 공통적으로 강조하는 것이 바로 관찰력이다. 드러난 현상을 눈여겨보면서, 보이는 것 이면의 진실을 탐구하는 안목과 감수성이 매우 중요하다. 남들과 다르게 보는 렌즈가 있어야 하는 것이다. 이것 역시 예술가들의 작업에서 많은 힌트를 얻을 수 있다. 다음의 시 한 편을 보자.

"조선총독부가 있을 때/청계천변 10전 균일상 밥집 문턱엔/거지소녀가 거지장님 어버이를/이끌고 와 서 있었다/주인 영감이 소리를 질렀으나/태연하였다//어린 소녀는 어버이의 생일이라고/10전짜리 두 개를 보였다."(김종삼, 「장편掌篇·2」) 요즘이라면 매우 기이한 광경이겠지만, 가난이 극심했던 일제 강점기 때엔 흔히 마주칠 수 있는 상황이었으리라. 많은 사람들이 스쳐 지나갔을 장면을 시인은 예사롭지 않게 포착한다. 그리고 있는 그대로 묘사한다. 마치 기자가 사건을 기록하듯이 말이다. 주관적인 느낌을 표현하거나 어떤 감정을 내세우지도 않는다. 정황에 대한 복잡한 수식을 달지도 않는다. 바로 그런 건조함이 뭉클한 감동을 선사하는 것이다. 어린 소녀의 말과 몸짓을 담백하게 묘사하면서 그 절절한 삶을 체감하도록 이끌기 때문이다. 평범한 현상을 새로운 눈으로 바라보면 비좁은 생각에서 벗어나 드넓은 세계로 나아가게 된다. 창의성은 그러한 시각의 전환을 통해서 이뤄진다고 할 수 있다.

보이는 것과 보이지 않는 것을 넘나드는 놀이는 삶 속에서 다양한 방식으로 체험될 수 있다. 예술적 상상력과 감수성에 힘입어 우리는 수많은 세계를 경험한다. 세상에 의해 규정되는 나의 모습으로부터 홀연히 떠나 다양한 존재로 변신할 수 있다면, 거기에서 생겨나는 마음의 힘으로 고단한 현실을 견딜 수 있을 것이다. 그러한 여백이 허용되는 사회는 인간의 잠재력과 선한 본성을 이끌어낸다.

협업적 글쓰기

2014년 『모멸감』이라는 책을 출간했다. 3년의 작업 끝에 나온 작은 결실이다. 20년 이상 글을 쓰고 몇 권의 책을 냈지만, 생각과 느낌을 문자화하는 일은 여전히 버겁다. 그런데도 그 괴로움을 자청하는 것은 글쓰기가 지니는 오묘함 때문이다. 당연한 이야기지만, 글은 단순히 말의 기록이 아니다. 그것은 자기 나름의 질서를 가지고 의미를 생성한다. 써나가다 보면 미처 이르지 못했던 생각들이 불현듯 나타난다. 내 머리에서 나온 문장들인데 스스로 의미의 길을 만들어가는 듯하다. 어느 저술가는 잘 모르는 것에 대해서만 글을 쓴다는데, 무지無知의 벽을 돌파해가는 기쁨 때문이리라.

그런데 글쓰기는 앎의 빛을 켜주면서, 모름을 자각하게도 해준다. 분명했던 생각인데, 활자화되는 순간 모호해지는 경우가 많다. 말로 할 때는 술술 풀렸는데, 글로 옮겨지면서 미로를 헤매고 곳곳에서 막혀버린다. 단어를 하나씩 배열하다 보면 논리의 정교함이 더욱 요구되고 진위 여부를 정확하게 따져야 하기 때문이다. 기존의 앎을 의심하면서 반박 가능성을 염두에 두어야 한다는 것, 단순한 현상이라도 여러 각도에서 바라보아야 한다는 것, 논지의 맥락과 인과관계를 꼼꼼하게 짚어야 한다는 것을 거듭 확인한다.

출판사와 함께 책을 완성해가는 과정은 일종의 수행修行 같았다. 편집자는 저자보다 더 책에 애정을 갖고 있는 듯 느껴질 정도의 집요함으로 글을 살피고 가다듬어주었다. 대학원에서도 받아보지 못한 엄격한 문장 수업을 통과하면서 나는 많은 것을 느꼈다. 이 정도면 더 이상 손볼 게 없겠지 하면서 자신 있게 넘긴 원고가 빨간 표시로 가득 채워져 되돌아왔다. 무언의 질책을 받는 듯했다. 오랫동안 글을 썼는데도 아직도 이렇게 허술하구나 하면서 자괴감에 빠지기도 했다.

그때마다 나는 20세기 일본 영화의 거장 구로사와 아키라 감독을 떠올렸다. 그는 시나리오 초고를 작성한 다음, 일본 최고의 시나리오 작가 두 명을 초대해 면밀하게 검토했는데 그 방식이 흥미롭다. 셋이 둘러앉아 각자에게 주어진 원고를 읽으면서 수정을 한 다음 옆으로 넘긴다. 원고를 받은 이는 그것을 검토한다. 이때 옆 사람이 수정한 것을 달리 고칠 수 있음은 물론, 아예 그것을 무효화하면서 원래 상태로 돌려놓아도 된다. 그리고 다시 옆으로 넘긴다. 따라서 수정 사항이 몇 번씩 뒤집힐 수도 있는 것이다. 그런 식으로 원고를 한 방향으로 계속 돌리며 다듬어가다가 더 이상 손댈 것이 없게 되었을 때 작업은 종료된다. 내로라하는 프로들이 자존심을 내려놓고 오로지 작품의 완성도를 높이는 데 순수하게 헌신한 것이다.

얄팍한 권위주의나 체면 때문에 업그레이드의 경로를 스스로 차단하는 경우가 종종 있다. 가까이에 있는 사람들로부터 냉정한 피드백을 받지 못해서 엉성한 정책을 내놓거나 부적절하게 처신하여 망신을 당하는 권세가들이 그 전형이라고 할 수 있다. 피상적이고 상투적인 찬사를 마다하고 따끔한 지적을 기꺼이 맞아들이는 마음이 있어야 충실한 성과물을 만들어낸다. 일에 최선을 기울이면서도 '정말 그럴까?' '이게 전부일까?'라고 끊임없이 되묻고 다른 견해에 귀를 열어두는 태도가 질적인 성장으로 이어진다. 편집자로부터 시시콜콜 지적을 받으면서 그런 상식을 새삼 깨달을 수 있었다.

글쓰기가 언제나 그러하지만, 『모멸감』을 작업하면서도 엄청난 양을 삭제하였다. 확실하다고 생각해 쓴 것인데도 편집자는 예리하고 냉혹하게 물음표를 붙였다. 나도 자꾸만 읽다 보면 부적절하다고 느껴지는 내용이 참으로 많았다. 근거가 분명치 않거나 생뚱맞고 억지스러운 군더더기들이다. 잡동사니 같은 지식을 과시하려다가 흐름을 어지럽히는 과오도 수없이 범했다. 글의 맥을 단단하게 붙잡으면서도 제3자의 입장에서 바라보는 객관성을 냉철하게 견지하지 않으면 허황된 사유의 거품에 휩싸이고 만다.

SNS 시대에 글쓰기는 무엇인가. '좋아요'라는 반응을 독촉하는 자아의 진열이 아니라, 의식과 감성을 서로 향상시키는 집단 지성의 즐거운 체험이어야 한다. 독단에 빠지기 쉬운 생각을 점검하고 흐트러지기 일쑤인 마음을 정돈하는 절차탁마의 글쓰기, 그것은 외로운 고행이면서 공동의 놀이일 수 있어야 한다.

언어를 넘어선 세계

오래전 어느 국제 NGO 주최로, 태국의 관광지 파타야에서 벌어지는 외국인 대상 관광 매춘의 실태를 둘러볼 기회가 있었다. 그 프로그램의 일환으로, 한때 매춘업에 종사했던 여성들과 면담하는 자리가 마련됐다. 그들은 가난한 농촌 가정에서 태어나 이런저런 과정을 거쳐 그곳에까지 오게 된 사연, 거기에서 겪었던 고생과 수모에 대해 담담하게 술회했다. 이야기가 끝난 뒤 그 자리를 주관하신 수녀님이 참석자들에게 질문 시간을 주었다. 그러나 아무도 말문을 열지 않았다. 그 참혹한 인생 역정의 사연을 듣고 차마 말을 잇지 못했던 것이다.

몇 분 동안 그렇게 침묵이 이어졌다. 어색하고 불편했지만, 누구도 그 분위기를 바꾸지는 못했다. 그때 수녀님이 입을 열었다. 거기에서 흘러나온 한마디는 잔잔한 여운으로 지금까지 남아 있다. "저는 여러분의 그 침묵에서 많은 이야기를 들었습니다." 그 말씀을 듣고 보니 우리가 아무 생각 없이 그저 입을 다물고 있었던 것이 아니었음을 깨달았다. 침묵의 언어가 그토록 육중할 수 있음을 새삼 확인했다. 아무 생각이 없거나 엉뚱한 곳에 마음이가 있어서 말을 하지 않은 것이 아니라, 오히려 언어를 넘어선 차원에서 교감하고 공유하는 의미가 그 자리에 충만했던 것이다.

오늘 우리의 언어가 거칠어지고 상스러워지는 까닭은 근본적으로 우리의 마음이 어지럽기 때문이다. 저마다 가슴속에 부정적인 감정들이 가득 차 있다. 불안, 두려움, 질투, 적개심, 열등감, 죄책감, 수치심, 자기혐오처럼 탁한 기운이 짙게 깔려 있다. 그것은 언어를 통해서 타인에게 금방 전염되고 사회로 확산된다. 스스로 제어할 수 없는 감정을 공격적인 언사로 표출하면 본인은 해소될지 모르지만, 그 말을 듣는 사람들의 감정을 똑같은 색채로 물들인다. 감정의 낭비를 줄이고 평상심으로 삶의 균형을 유지하는 마음은 어디에 깃드는가. 난폭함과 천박함으로 비속해지는 언어를 기쁨의 의미 세계로 바꾸어내는 힘은 무엇인가.

'눌변'이라는 말이 있다. 더듬거리며 하는 서투른 말솜씨를 가리킨다. 여기서 '눌'은 한자로 '訥'이라고 쓰는데, 그 풀이를 찾아보면 '말을 더듬거리다'라는 뜻과 함께 '입이 무거워 말을 잘하지 않는다'라는 뜻도 있다. 그러고 보니 '언言'변에 '내內'자가 붙어 있는 글자다. 말을 안으로 담아둔다는 의미가 되겠다. 실제로 옛날에는 '눌변'이 부정적인 의미를 담고 있는 낱말이 아니었다고 한다. 동양에서는 달변을 높이 평가하지 않았다. '빈 수레가 요란하다'는 속담처럼, 너무 말을 유창하게 하는 사람은 오히려 겉치레만 그럴듯하게 늘어놓는 것 아닌가 하는 의심의 대상이 되었다. 서양에서도 '침묵은 금이다'라는 격언처럼 말없음의 가치를 높게 사는 흐름이 있어 왔다. 하고 싶은 말이 많아도 쏟아내지 않고 생각으로 곱씹고 삭이는 것이 결과적으로 더 큰 말이 될 때가 많다. 마구잡이로 남발되는 정보의 홍수 속에서 살아가는 현대인에게 눌변의 미덕은 새삼스럽게 다가온다.

그런데 침묵은 단순히 말없음이 아니다. 언어를 넘어서 세계에 대한 경외심으로, 거기에서 울려 나오는 의미를 겸허하게 기다리는 것이 침묵이다. 존재의 근원적인 바탕을 더듬으면서 보다 명료한 진실을 갈구하는 간절함이 거기에 있다. 말하자면 그것은 공백이 아니라 여백이다. 따라서 침묵은 경청의 이면이다.* 언어의 격조가 사라지는 것은 진지하게 귀 기울여주는 상대가 없기 때문이다. 나의 발언이 수용되지 못하리라는 불안에 사로잡히고 그 반작용으로 자극적인 언어를 남발한다. 그럴수록 서로에게 귀를 닫아버린다. 그 악순환의 고리에서 벗어나려면 우선 자기과시나 지배에 대한 강박을 내려놓고 상대방에게 온전히 향하는 마음을 불러와야 한다.

폭언, 극언, 망언, 실언, 허언 등으로 소란한 우리의 언어 세계를 가다듬고 의미의 비옥한 터전으로 일궈가는 일은 궁극적으로 삶에 대한 경외감을 회복하는 가운데 이뤄진다. 형언할 수 없는 존재의 깊이, 아직 드러나지 않은 그 무엇을 기다리는 무언無言의

* 경청을 보통 한자로 '傾聽'이라고 쓴다. 기울일 '경'자로서 '귀를 기울인다'는 뜻이다. 그런데 '敬聽'이라는 한자어도 있다. 여기에서 '敬'은 영어로 'mindful'이라고 풀이된다. 그러니까 '敬聽'은 '온 마음을 담아 듣기'라는 뜻이 되겠다.

경지에 이르러 살아 있음의 뉘앙스를 새삼 느낄 때 우리의 목소리는 청신한 빛깔로 재생된다. 품격 있는 언어는 내면의 울림으로 자아와 관계를 빚어내고 새로운 세계로 우리를 초대한다.

연결의 과잉, 관계의 결핍

레이먼드 카버의 단편소설 「대성당」*은 소통의 신비를 탁월하게 묘사한 작품으로 평가받는다. 주인공의 아내는 오래전 책 읽어주는 일로 만난 오랜 친구인 맹인을 집으로 초대한다. 난생처음 맹인을 직접 마주하게 된 남편은 몇 마디 피상적인 질문과 대답을 주고받으면서 지루함을 느낀다. 저녁 식사 후 거실에서 아내와 맹인의 대화가 이어지고 아내는 곧 소파에 머리를 대고 잠이 든다. 맹인과 특별히 더 나눌 이야기도 없고 해서 소파에 앉아 텔레비전을 시청하는데, 화면에는 유럽의 유명한 대성당들이 하나씩 소개되고 있다. 맹인은 그 장면들에 대해 설명을 부탁한다. 주인공은 몇 마디 말로 묘사해보지만, 스스로 신통치 않다는 느낌이 들어 미안해한다.

이에 맹인은 한 가지 아이디어를 낸다. 두꺼운 종이와 펜을 가져다가 함께 그려보자는 것이다. 맹인은 주인공의 손 위에 자기 손을 얹은 다음, 화면에 보이는 성당을 그리도록 요구한다. 주인

---

* 레이먼드 카버, 「대성당」, 『대성당』, 김연수 옮김, 문학동네, 2007.

공이 그림을 그려나가자 맹인은 매우 흡족해하며 칭찬을 한다. 맹인은 또 한 가지 제안을 덧붙인다. 눈을 감아보라고, 그리고 계속 그려보라고 말한다. 대충 그림이 완성되었을 때, 맹인은 주인공에게 이제 눈을 뜨고 한 번 보라고 한다. 그리고 물어본다. "어때? 보고 있나?" 하지만 주인공은 눈을 뜨지 않는다. 왠지 조금만 더 그렇게 있어야 할 것 같아서였다. 그가 눈을 감은 채 대답하는 것으로 소설은 끝난다. "이거 진짜 대단하군요."

사람과 사람은 무엇으로 이어지는가. 미디어의 혁신 속에서 소통의 회로는 날로 팽창한다. 트위터의 팔로잉과 팔로어, 페이스북과 인스타그램과 카카오톡의 친구들은 계속 늘어난다. 지구 정반대편 사람들과 쉽게 접속하여 친구를 맺을 수 있을 뿐 아니라, 그들의 친구들과도 친구를 맺는다. 온라인에서 확장되는 관계는 두뇌의 정보 처리 능력을 넘어서 버렸다. 2011년 출간된 『과잉 연결 시대』*라는 책은 사이버 네트워크의 과도한 증식이 빚어내는 문제들을 파헤치고 있다. 경제 시스템에서 나타나는 의도하지 않은 결과들에 초점을 맞추고 있지만, 생활 세계에서 나타나는 부작용도 짚고 있다.

인간들 사이의 연결이 지나치게 늘어나는 것과 상반되는 흐름이 있다. 2010년 무렵 일본에서 키워드로 떠오른 '무연無緣사회'가 그것이다. 사회적 관계는 물론 가족관계마저 끊긴 채 고립된

---

* 윌리엄 H. 데이비도우, 『과잉 연결 시대』, 김동규 옮김, 수이북스, 2011.

삶을 이어가는 사람들이 늘어나는 상황을 말한다. 그렇게 홀로 살다가 생을 마감했을 때 아무도 장례를 치러줄 사람이 없는 죽음을 '무연사無緣死'라고 하는데, 일본에서 매년 4만 명 이상이 그렇게 임종한단다. 2011년 동일본대지진이 남긴 후유증 가운데 하나도 수십만 명이 한순간에 혈연, 지연, 사연社緣을 모두 잃어버린 것이었다.

강 건너 불구경이 아니다. 한국에도 일인 가구가 25퍼센트를 넘어섰고, 그 증가의 기울기는 일본보다 더 가파르다. 독거노인의 급증이 가장 큰 이유로 분석된다. 그러나 독거만이 무연사회의 전모는 아니다. 물리적으로 누군가와 함께 살고는 있지만 심리적으로 고립되어 있는 이들이 적지 않다. 또한 휴대전화에 수많은 연락처가 있고 페이스북에 친구들이 넘쳐나지만, 정작 중대한 곤경에 처했을 때 손을 뻗칠 사람은 없는 경우도 많다. 왕따와 괴롭힘으로 자살하는 청소년들이 종종 보도되는데, 그들은 매일 수십 개의 협박 문자에 시달리고 가까이에 있는 사람들조차 그 고통을 거의 알지 못하는 경우가 많다.

지금 우리 사회는 급격하게 부실해지고 있다. 삶의 현장 곳곳이 사각지대로 방치되고 그 안에서 기괴한 폭력이 번식한다. 미디어 이벤트에 집단적으로 열광하고 가끔 정치적 함성이 광장으로 모여들지만, 일상에서 우리는 저마다 비좁은 골방에 갇혀 지내기 일쑤다. 또한 자신이 남들에게 어떻게 비치는가에 과민하면서, 타인의 곤경에는 지극히 무심하다.

연결의 과잉, 관계의 결핍 시대다. 공감의 유전자는 아직 살아 있을까. 「대성당」의 주인공이 맹인과 접속한 것 같은 의외의 가능성이 어딘가에 숨어 있을까. 잠시 눈을 감고 마음의 무늬를 더듬어본다. 타인에게 이르는 미지의 통로를 응시하고 싶다.

세대 | 교육 | 돌봄 | 성장

3

길이
보이지
않아도

다가가기

시인이면서 순천 효산고등학교에서 영어를 가르치는 안준철 교사는 독특하게 수업을 진행한다. 예를 들어 이런 식이다. 어느 날 출근길에 바닥에 피어난 풀꽃을 휴대전화로 세 번 연속 촬영했다. 멀리서, 가까이서, 더 가까이서. 그것을 다시 컴퓨터로 옮겨서 수업 자료를 만든 다음, 수업 시간에 학생들에게 보여주고 질문 하나를 던진다. 이 세 장의 사진은 내가 어떤 단어를 설명하기 위해 오늘 아침에 찍은 것인데, 그 단어는 무엇일까? 힌트를 주자면, A자로 시작하고 여덟 개의 철자로 되어 있다. 정답은 'approach'이다.*

길가에 지천으로 널려 있는 잡초에 새삼 주의를 환기시키면서 사물에 대한 감수성을 일깨우려는 교사의 정성이 돋보인다. 평소에는 거의 시선을 주지 않는 미물이지만, 가까이 들여다보며 그 안에서 오묘한 세계를 발견하기를 기대한다고 교사는 말한

---

* 안준철, 「한 단어를 위해 출근길에 찍은 세 장의 사진」, 『시사IN』 2015년 7월 25일자 (410호). 2016년 2월 정년퇴임.

다. "자세히 보아야 예쁘다"(나태주, 「풀꽃」에서)는 시구처럼, 천천히 그리고 세밀하게 관찰하는 즐거움을 선사하고 싶은 것이다. 오로지 점수를 따기 위해 기계적으로 주입하던 단어를 생활의 문맥 속에서 끌어들이면, 파편화된 지식들은 경험으로 연결되고 구체적인 의미로 살아 움직이게 된다. 그 수업을 들은 학생들은 앞으로 'approach'라는 단어를 보거나 들을 때마다 풀꽃을 떠올리지 않을까.

'approach'는 대개 '접근하다'로 번역된다. 그러나 이 수업에서 보여준 사진 세 장을 놓고서는 왠지 어울리지 않는다. 여기에서는 '다가가다'가 적합할 듯하다. '접근하다'와 '다가가다' 사이에는 어감의 차이가 있다. 예를 들어 '그가 내게 접근했다'와 '그가 내게 다가왔다'는 사뭇 다른 뉘앙스를 풍긴다. 전자에서는 그가 나를 대상화하는 느낌이다. 어떤 목적을 이루려는 의도로 접촉하고 이용하려는 태도 말이다. 반면에 후자에서는 내가 인격적인 주체로 존중되는 분위기다. 관계와 대화의 동등한 상대로 자리매김하고, 마음의 중심으로 이어질 가능성을 내포하고 있다.

우리는 누구에게 접근하고 누구에게 다가가는가. 내게 다가오는 이는 누구인가. 다가오는 줄 알았는데 알고 보니 접근한 것임이 밝혀지는 경우, 어떤 심경이 되는가. 만사를 효용의 관점에서만 처리하고 타인을 수단화하는 일이 빈번해지는 세상이다. 그런 가운데, 어쩌다가 소통과 관계 자체가 목적으로 경험될 때 우리는 '존재'를 발견하게 된다. 누군가와 서로를 의미 있는 타자로 만나게 될 때, 삶의 고결함을 문득 깨닫게 된다. 철학자 마르틴 부버의 개념을 빌리자면 '나-그것'이 아니라 '나-너'의 구도로 연결되는 것이다.

다가가야 할 상대는 사람만이 아니다. 출근길에 풀꽃 한 송이를 클로즈업한 교사처럼, 크고 작은 생명들에게 무심하게 다가가 볼 일이다. 목숨이 없는 사물에게도 이따금 각별한 눈길을 주면 어떨까. 욕망 충족의 대상으로 소비만 하는 것이 아니라, 응시 그 자체로 기쁨이 되는 순간을 만끽해보고 싶다. 생활의 일부가 된 고성능 디지털 카메라 덕분에 우리는 수시로 영상을 촬영하여 온라인에 올리고 전송하는데, 단 한 장을 찍더라도 대상에 깊이 머물러 그 속살을 담아보자. 아니, 카메라를 잠시 내려놓고 그냥 허허롭게 바라보자. 그렇게 다가갈 때, 저쪽에서도 불현듯 다가오는 무엇이 있다.

그러한 마주침은 피상적 인식의 장막을 거두어주기도 한다. 허형만 시인은 「겨울 들판을 거닐며」라는 시에서 이렇게 쓰고 있다. "가까이 다가서기 전에는/아무것도 가진 것 없어 보이는/아무것도 피울 수 없을 것처럼 보이는/겨울 들판을 거닐며/매운바람 끝자락도 맞을 만치 맞으면/오히려 더욱 따사로움을 알았다/〔……〕/겨울 들판을 거닐며/겨울 들판이나 사람이나/가까이 다가서지도 않으면서/아무것도 가진 것 없을 거라고/아무것도 키울 수 없을 거라고/함부로 말하지 않기로 했다."

겨울 들판처럼 황량해 보이는 세상, 희망이라는 단어가 점점 낯설어지는 삶, 체념과 냉소에 익숙해지는 마음…… 우리 시대의 자화상이 아닌가 싶다. 출구는 있는가. 멀리서 관망하는 눈으로는 보이지 않는다고 시인은 말한다. 가까이 다가서지도 않으면서 아무것도 없다고 단정하지 말아야겠다고 다짐한다. 새로운 존재를 키워내려는 몸짓들에 돋보기를 들이댈 때, 변화의 동력은 더불어 꿈틀거리기 시작한다. 아직 드러나지 않은 세계에 손을 내밀고 말을 걸면서 가능성의 씨앗을 만져보고 싶다. 살아 있음의 존귀함을 일깨워주는 풀꽃의 숨결에 귀 기울이고 싶다.

사람을 이어주는 것

이사 왔다고 떡을 돌리는 풍습이 급격하게 사라져 간다. 떡은 커녕 앞집의 문을 두드리고 '신고'를 하는 일도 별로 없다. 아파트에서는 더욱 그러하다. 옆이나 위아래로 붙어사는 집인데도 어쩌다가 마주쳤을 때 싸늘하게 외면하기 일쑤다. 이렇게 살아서는 안 되겠다 싶어서, 나는 이웃을 마주치면 먼저 인사를 건네곤 한다. 이에 반갑게 화답하는 분도 있지만, 마지못해 최소한의 답례만 하는 분이 더 많다. 어색한 표정으로 살짝만 반응하고 곧바로 눈길을 돌려버리는 경우도 있다. 사회 전반적으로 인간관계가 박약해지고, 모르는 사람들 사이에는 더욱 냉랭한 기운이 감도는 세태가 일상에서 그렇게 나타나는 것이다.

그런데 의외의 장면에서 낯선 사람들 사이에 쉽게 말문이 트이는 것을 본다. 공원이나 산책길에서 반려견을 데리고 다니는 행인들이 많은데, 강아지들 사이에 갑작스런 상호작용이 곧잘 일어난다. 동물적인 본능에서 우러나오는 반응이기에 주인들은 별로 개의치 않는다. 대개 잠깐 멈춰 서서 그들의 어울림을 지켜본다. 그러다가 자연스럽게 대화가 시작된다. 상대방의 강아지에 대한 질문과 대답이 오가고, 외모와 행동에 대한 품평도 곁들인다. 그 분위기는 사뭇 화기애애하다.

가까이 사는 이웃도 아닌데 그렇듯 스스럼없이 소통이 일어나는 것을 어떻게 보아야 할까. 지하철 같은 공공장소에서 누군가가 아기를 데리고 있으면 옆 사람들이 눈을 맞추고 방긋 웃어주면서 그 보호자에게 나이를 묻는 것과 비슷한 현상이 아닐까 싶다. 강아지와 아기의 공통점이 있다면, 연약하다는 것 그리고 순수하다는 것이리라. 여리고 티 없는 생명체를 매개로 사람들의 마음이 열리는 것이다. 그 순간 에고는 홀연히 사라진다. 자기도 모르게 어린아이가 되어 대상에 온전히 몰입하고, 타인에 대한 경계 태세도 해제해버린다.

관심사가 비슷하다고 해서 늘 그렇게 말문이 트이는 것은 아니다. 보석이나 명품을 좋아한다고 해서 그것을 매개로 낯선 사람에게 말을 걸지는 않는다. 예를 들어 예쁜 목걸이를 차고 있거나 비싸 보이는 가방을 들고 있는 이에게 다가가 다짜고짜 '아, 멋지네요. 얼마짜리예요?'라고 물어본다면 기겁하면서 자리를 피할 것이다. 고급 등산복이나 승용차 등도 마찬가지다. 가격을 기준으로 하는 위세 경쟁에 은근히 신경을 쓸지언정 타인들끼리 공통의 화제로 삼지는 않는 것이다. 소유물과 자기를 동일시하고 그것으로 서로를 구별 짓기 하는 상황에서는 부질없는 긴장에 갇혀버리게 된다.

강아지나 아기도 자신의 지위나 재력을 과시하기 위해 데리고 다닌다면 그런 굴레에 얽매일 것이다. 대개는 그렇지 않기에, 그 존재들을 응시하며 아집의 속박에서 잠시 벗어날 수 있다. 허세를 부리거나 자기를 방어하지 않고 스스로를 무심하게 드러내는 계기는 그 외에도 많다. 2002년 월드컵 같은 이벤트도 그중 하나다. 모두의 기쁨이 되는 결정적 장면에 가슴을 터뜨리면서 일순간 하나가 되는 기적이 일어났다. 예술 공연도 마찬가지다. 고루한 일상에서 벗어나 탁월한 경지에 다 함께 초대되어 심미적 감동으로 녹아들 때, 나와 너 사이의 구별이 사라진다.

그런가 하면 '결핍'이 의외의 연결 고리가 되기도 한다. 예를 들어 여럿이 함께 지내는 병실에서 환자나 보호자들은 옆 사람들과 금방 말문을 튼다. 서로의 어려움에 동병상련의 심정으로 쉽게 공감하고 위로와 격려를 주고받는다. 질환이 관계를 맺어주는 공통분모가 되는 것이다. 큰 재난을 당해 생긴 아픔과 상처가 전혀 모르는 사람들을 새삼스레 연결해주는 것도 마찬가지 이치다. 또한 이미 알고 있는 사람들 사이에서도 자신의 허물을 솔직하게 인정하고 감추고 싶은 그늘을 넌지시 내보일 때, 각별한 신뢰와 친밀감이 생긴다. 헝가리의 속담 하나를 인용하면 "누구도 자기 그늘 속에 들어가서 쉴 수는 없다. 내 그늘에는 다른 사람만이 와서 쉴 수 있는 것이다."

사람들 사이의 간격을 이어주는 또 하나의 통로는 바로 자연이다. 담장이나 대문에 걸어놓은 꽃바구니가 골목의 표정을 바꾸고, 한 평 공원이나 텃밭을 함께 가꾸면서 주민들이 새로운 얼굴로 만난다. 봄꽃의 절경이나 단풍의 장관에 경탄하면서 우리는 겸허한 마음으로 타인들 곁에 서게 된다. 비좁은 자기를 넘어서는 위대한 그 무엇을 만날 때, 반사적인 경계警戒와 관습적인 경계境界를 풀어헤친다. 고바야시 잇사小林一茶의 하이쿠 한 구절은 그 정곡을 찌른다. "꽃그늘 아래 생판 남인 사람 아무도 없네."

무지와 미지

일본의 후지산이 300년 만에 다시 폭발할 조짐이 있다는 진단이 나온 바 있다. 그보다 충격이 훨씬 더 클 것이라는 백두산 폭발의 징후들은 진작부터 포착되어왔다. 그런가 하면 지구촌 곳곳에서 신종 바이러스가 속출하고 한국도 안전지대가 아님이 확인되었다. 재난은 기존의 설명 체계와 대처 방식을 무색하게 한다. 2011년 3월에 발생한 동일본대지진도 그러했다. 원전 사고가 너무 끔찍해서 지진 그 자체는 큰 주목을 받지 못했지만, 당시에 지층이 흔들린 메커니즘은 세계 최고 수준의 일본 지진학자들도 전혀 모르고 있던 것이었다고 한다. 전문가들은 연구 끝에 '메가 어스페러티mega-asperity'라는 새로운 모델을 내놓았다.

자연과학과 공학에서 놀라운 혁신이 거듭되고 있지만, 거대한 자연현상 앞에서는 아직도 속수무책이다. 인간의 앎이 얼마나 단편적인가를 새삼 확인하게 된다. 소설 『쥬라기 공원』에서 공원의 성공을 장담하는 법률 자문 변호사에게 수학자 말콤은 이렇게 반박한다. "이른바 '자연'이란 것은 사실 우리가 일상적으로 받아들이는 것보다 훨씬 미묘하고 복잡합니다. 우리는 자연에 대한 단순화된 이미지를 만들어놓고, 그걸 어설프게 엮어내지요. 난 환경보호주의자는 아니지만 우린 우리가 지금 이해하지 못하고 있는 것을 이해해야 한다고 생각합니다."*

자기가 무엇을 모르는지를 아는 것이 참된 지식이라는 공자의 말이 떠오르는 대목이다. 인류는 앎을 통해 모름을 추방해왔다. 그런데 지식이 폭발하면서 역설적으로 무지의 영역이 새롭게 생겨난다. 자동차의 급발진 사고, 전자파의 영향, 각종 의약품의 부작용 등 끝이 없다. 무지의 영역은 왜 확장되는가. 예전에 존재하지 않았던 물질들이 생성되어 돌아다니면서 기이한 합성이 일어나기 때문이다. 그리고 갈수록 세분화되는 전문 영역들 사이에 미증유의 연계가 일어나 '의도하지 않은 결과'를 빚어내기 때문이다. 그래서 전문가일수록 오히려 무식해지는 측면이 있다.

사회학자 앤서니 기든스Anthony Giddens는 그 핵심을 한마디로 꿰뚫었다. "어떤 전문가도 자신의 전문지식을 적용한 결과에 대해서는 문외한이다." 인류가 물질세계를 변형시키는 기법은 엄청나게 진척되었지만, 그 파급 효과를 이해하고 예측하고 통제하는 기법은 초보적인 경우가 많다. 예를 들어 원전은 마구잡이로 건설되지만 핵폐기물 처리 방식은 원시적인 단계를 넘어서지 못한다. 특정 질병에 효험이 있는 신약들이 속속 개발되지만, 그 부작용을 헤아리기에 연구자들은 너무 세분화된 영역에 갇혀 있다.

* 마이클 크리튼, 『쥬라기 공원1』, 정영목 옮김, 김영사, 1991, 161쪽.

새집 증후군이나 각종 알레르기 현상에도 과학은 무기력하다. 의학자는 물질을 모르고, 화학자는 몸을 모르기 때문이다.

자연과학과 물질세계에만 국한되는 이야기가 아니다. 국가 정책의 시행에서도 사회에 대해 '단순화된 이미지를 만들어놓고, 그걸 어설프게 엮어내'는 경우가 많다. 그 결과, 충분히 예견할 수 있었던 그러나 면밀하게 검토하지 않아 대비하지 않은 부정적 사태들에 부딪혀 난감해한다. 무안공항, 용산 개발, 용인의 경전철…… 야심차게 출범한 거대 프로젝트들이 애물단지가 되어버리는 것은 주먹구구식의 기획과 일사천리식의 추진 때문이다. 거기에는 뿌리 깊은 탐욕과 부조리한 권력이 자리 잡고 있다. 그리고 얄팍한 도구적 이성이 맞물려 있다.

확실성을 추구해온 근대적 합리성은 불확실성의 증폭에 직면하고 있다. 인간이 발견한 진리는 언제나 부분적이고 가설적인 것에 지나지 않음에 유념하는 탈근대적 지성이 요구되고 있다. 창의적인 사람들이 공통적으로 지니는 성향 가운데 하나로 '판단 유보 능력'이라는 것이 지목된다. 애매한 것을 견디는 능력이라고 풀이된다. 이것 아니면 저것의 이분법을 거부하고 모호한 영역을 끌어안을 수 있는 인내심, 객관적으로 검증된 결과라 할지라도 의문부호를 붙이면서 숨겨진 또 다른 가능성을 탐색하는 호기심이 있어야 한다. 기지既知(이미 알고 있는 것)를 상대화하면서 무지無知를 자각하고 미지未知의 세계를 두드리는 마음은 삶을 겸허하게 한다.

길을 잃은 진로 교육

청소년들이 가장 듣기 싫은 질문은 '너 공부는 잘하니?'라고 한다. 그리고 가장 대답하기 힘들어 하는 질문은 '너 꿈이 뭐니? 뭐가 되고 싶어?'라고 한다. 진로 교육이 강화되면서 중등 과정에 관련 과목 및 활동들이 크게 늘었다. 자신의 적성을 일찍 파악하여 그 방면으로 나아갈 준비를 하는 데 내실을 기하도록 돕기 위함이다. 그런데 그것이 외려 아이들에게 학업에 가중되는 또 다른 짐이 되기도 한다. 장래의 꿈에 대해 긴 글을 쓰거나 진로 관련 포트폴리오를 작성하는 과제가 종종 부여되는데, 많은 아이들이 그 내용을 채우지 못해 곤혹스러워한다.

적성을 알아내는 검사도 체계적으로 행해진다. 그리고 직업을 소개하는 여러 가지 프로그램들이 학교 안팎에서 실시된다. 진로에 관해 매우 다채로운 접근이 이뤄지고 풍부한 정보가 제공되고 있는 것이다. 하지만 그러한 뒷받침에도 불구하고 아이들의 꿈은 오히려 획일화되어간다. 세상에는 수많은 종류의 직업이 있는데도 청소년들이 원하는 직업은 몇몇 분야에 집중된다. 그마저도 실현 가능하다고 믿기보다는 요원한 희망사항에 불과한 경우가 많다. 뭘 하고 싶은지는 잘 모르겠다면서 '일단 돈을 많이 벌어서……'라고 대답하는 아이들도 적지 않다.

현행 진로 교육은 몇 가지 조사 기법과 단편적인 프로그램들에 너무 의존하면서 삶의 복잡다기한 역동을 입체적으로 살피지 않는 듯하다. 적성은 수학의 정답처럼 명확하게 밝혀지는 것이 아니고, 꿈도 숙제를 내준다고 뚝딱 생겨나는 것이 아니다. 지금 아이들에게 필요한 것은 스스로의 인생을 꾸려갈 수 있는 기력이다. 우선 오늘 주어진 삶에 충실할 수 있어야 한다. 공부 이외의 여러 장場에서 '살아 있음'을 실감하고 자기를 사랑할 수 있어야 한다. 그러한 눈으로 청소년의 모습을 진단하지 않고 장래의 직업이나 꿈을 말하라고 다그치는 것은 부담과 억압이 될 뿐이다. 현재는 미래를 위한 수단으로 전락하고 만다.

생애의 경로는 우여곡절의 연속이고 뜻하지 않은 변곡점에서 전혀 몰랐던 자아의 모습이나 능력을 발견하기도 한다. 열쇠는 그러한 여정을 자기 주도적으로 이어갈 수 있는가에 있다. 칙센트미하이는 『어른이 된다는 것은』이라는 책에서 이렇게 말한다. "젊은이가 학교를 나와서 제몫을 하는 성인으로 자라나기까지의 과정에서 가장 중요한 것은 비단 공부에서뿐 아니라 인생 전반에서 호기심과 흥미를 잃지 않는 것이다. 〔……〕 자기가 하는 일이 시간 낭비라는 생각만은 절대로 갖지 말게 해야 한다. 청소년에게 가장 필요한 것은 추구할 만한 매력을 가진 목표와 거기에 도달할 수 있는 실력이다."*

인생 전반에 대해 호기심과 흥미를 가지려면 자아를 충분히 긍정해야 한다. 모자란 것을 있는 그대로 인식하면서도 현재의 모습을 받아들이는 태도 말이다. 그런데 아이들이 자라는 환경은 정반대의 심성을 키운다. 대학입시 합격 결과가 나오는 즈음 곳곳에 현수막이 붙는다. 우리 고장 출신의 아무개가 일류대에 합격했다고 축하하는 내용이다. 충남 금산군은 2009년 군내 도로 네거리에 17억 원을 들여서 서울대 정문 등 전국 주요 대학의 상징물들을 세웠다. 어느 비석에는 서울대에 진학한 군내 젊은이들의 이름 그리고 그들의 좌우명과 손도장이 함께 새겨져 있는데, 그 뒷면에는 '큰 꿈을 갖자'라고 씌어 있다.

그러한 현수막이나 조형물은 대다수 젊은이들을 주눅 들게 한다. 좋은 대학에 가지 못하고 지역에 남아 있는 이들이 못난이로 여겨지기 때문이다. 이 같은 시선은 청소년들의 두려움을 자아낸다. 예를 들어, 몇 해 전 강릉여고 3학년 어느 반 학생들이 급훈을 '맑은 공기는 노후에 마시자'라고 정한 바 있다. 수도권 대학으로 진학해서 젊을 때는 탁한 공기를 마시자는 다짐이다. 그와 비슷한 취지로 서울의 어느 학교에서는 '2호선 탈래, KTX 탈래?'라고 급훈을 만들기도 했다.

그러한 결의 또는 협박 속에서, 미지의 세계를 탐색하는 질문은 원천 봉쇄되고 만다. 일류대 입학을 '큰 꿈'으로 규정하는 어

---

* 미하이 칙센트미하이 외, 『어른이 된다는 것은』, 이희재 옮김, 해냄, 2003, 297쪽.

른들이 창의적인 인재 운운하는 것은 어불성설이다. 욕망과 두려움이 함께 증폭되는 저성장 시대에 아이들은 어떤 꿈을 가질 수 있을까. 막연한 상상이 아니라 구체적인 현실에서 길 찾기는 시작된다. 타인과 사회에 의미 있게 접속하고 다양한 경험 속에서 존재를 펼칠 수 있을 때 자기가 누구인지를 알아갈 수 있다. 그러한 경험을 격려하는 사회를 어떻게 만들 것인가. 기성세대의 중대한 소임이다.

토요일, 생활을 회복하는 시간

스마트폰으로 시내버스의 운행 상황을 정확하게 확인할 수 있게 되면서, 대중교통을 이용하기가 한결 수월해졌다. 그런데 얼마 전에 약간 어이없는 실수를 했다. 정류장에 가까이 도달해 여느 때처럼 스마트폰으로 승차할 버스의 도착 시간을 검색했다. 그런데 그 잠깐 사이에 타려던 버스가 정류장에 섰다가 출발하고 만 것이다. 가시권에 들어온 버스들을 우선 살펴보았어야 했다. 대상을 눈으로 직접 확인하기보다는, 정보에 의지하는 습관이 빚은 불찰이었다. 미디어 과잉의 환경에서 사물과의 접촉점은 점차 희미해지는 듯하다.

무식한 사람을 가리켜 '낫 놓고 기역(ㄱ) 자도 모른다'고 하지만, '기역 자 놓고 낫도 모른다'는 말도 있다. 아닌 게 아니라 요즘 아이들은 네다섯 살에 한글을 깨치지만, 낫을 실제로 본 적이 없는 경우가 대부분이다. 너무 어릴 때부터 글자에 매여 추상화된 세계에 갇히면, 생생한 경험을 통해 배울 수 있는 것들을 놓치게 된다고 전문가들은 지적한다. 발달심리학적으로 말하면, '구체적 조작기'를 충실하게 거쳐야 '형식적 조작기'로 잘 넘어갈 수 있다고 한다. 예를 들어 과도를 이용해 직접 사과를 잘라본 아이들이 수학에서 분수 계산을 잘할 수 있게 된다는 것이다.

주5일제 수업이 전면 실시되면서 가장 발 빠르게 움직이는 것은 사교육 시장이다. 토요일에 동네를 다녀보면 평일과 별 다를 바 없이 아이들은 눈에 띄지 않는다. '놀토'라는 말이 무색하다. 경제적 어려움으로 학원에 가지 못하는 아이들 가운데 상당수는 집 안에서 무료한 시간을 보내거나 피시방에서 게임에 몰두한다. 부모와 함께 나들이하거나, 스스로 또는 친구들과 어울려 뿌듯하게 시간을 보내는 아이들은 아주 소수에 불과한 듯하다. 정부의 독려로 여러 사회단체들이 청소년을 위한 현장학습 프로그램들을 마련하고 있지만, 양적으로 너무 부족한 실정이다.

교육당국은 주5일 수업 실시의 취지가 '가족 간의 유대를 높이고, 다양한 체험으로 주체적인 학습 능력과 자질을 길러주는' 데 있다고 했다. 달리 말하면, 그것은 생활의 균형을 회복하는 것이라고 할 수 있고 이는 주5일 근무의 취지와도 일맥상통한다. 토요일은 학교 공부의 부담을 내려놓고, 안으로부터 우러나오는 삶의 에너지를 틔우고 키우는 시간이다. 놀이와 예술 활동에서 견학과 자원봉사에 이르기까지 그 스펙트럼은 넓다. 어느 것이든, 생동하는 경험이 되어야 한다.

그렇게 되려면 어른들이 짜놓은 프로그램에 참여하는 정도로는 부족하다. 아이들이 스스로 어떤 세계를 만들어갈 수 있어야 한다. 동네에서 할 수 있는 여러 가지 일거리들을 생각해볼 수 있다. 주말장터에서의 무대 공연, 집 주변의 화단 가꾸기, 방치 자전거의 처리, 도로의 안전사고 위험 구역 조사, 독거노인의 생활 실태 모니터링, 고장 난 우산이나 컴퓨터를 수거하여 수리하기 등. 이러한 활동을 통해 공부와 일과 놀이가 자연스럽게 연결될 수 있다. 배움과 탐구의 즐거움을 누리면서 지역사회에도 기여할 수 있다.

'맹모삼천'에 대한 재치 있는 해석이 있다. 맹자의 어머니가 시행착오로 거처를 옮겨 다닌 것이 아니라, 아들이 배움의 길에 제대로 들어서도록 하기 위한 기획이었다는 것이다. 우선 묘지 근처에 살면서 인생의 무상함을 느끼도록 했고, 장터 근처에 살면서 생존의 치열함을 알게 했다. 그렇게 삶의 리얼리티를 충분히 체험하고 나서야 지식의 세계에 입문하도록 했다. 구체적인 현실을 접하면서 획득하는 인지 능력과 감수성이 인간의 성장에서 매우 중요한 바탕이라는 점을 강조하는 말이다.

지금 아이들에게는 자아를 형성해가는 시공간이 제대로 주어져 있지 않다. 생각과 관찰이 '검색'으로 대체되고, 관계 맺기와 체험이 '접속'으로 변환되면서 삶은 무중력상태로 흩어져버린다. 또래들과 어울리고, 윗세대와의 교섭 속에서 접화군생接化群生하고 절차탁마切磋琢磨하는 자리를 어떻게 마련할 수 있을까.

어느 고등학교에서는 졸업식 때, 늘 골칫거리인 난동을 막기 위해 사고를 칠 법한 속칭 '문제아'들에게 안전요원의 임무를 주어 순조롭게 행사를 치렀다고 한다. 성적, 외모, 돈이 아니면 존재감을 느끼지 못하는 환경에서 게임이나 폭력은 손쉬운 탈출구가 된다. 자신이 살아 있음을 확인할 수 있는 기회가 주어져야 한다. 어른들이 그 마당을 함께 열 수 있다. 허세와 욕망에 끌려다니지 않고 자기 나름의 삶을 영위하는 어른들이 아이들에게 살아갈 힘을 북돋을 수 있다.

영어에서 사춘기를 뜻하는 'puberty'의 어원은 'pubes'라는 라틴어로, '어른'을 의미한다. 그리고 거기에서 'public'이라는 단어도 파생했다. 사춘기는 공적인 활동 무대로 나아가면서 성인으로 이행하는 시기다. 토요일에 아이들은 시험공부와 사이버 세계에서 벗어나 공적인 삶의 보람을 체험할 수 있어야 한다. 그것이 가능하려면, 여러 사람들과 함께 생활의 터전을 빚어가는 어른들의 모습이 눈에 띄어야 한다.

피피티보다 칠판이 좋은 이유

대학 안팎에서 30년 가까이 해온 일이지만, 강의는 아직도 어렵게 느껴진다. 그 정도 연륜이면 베테랑이 되었을 법도 한데, 좌절감으로 끝나는 강의가 종종 있다. 문제는 사전에 그것을 가늠하기가 쉽지 않다는 것이다. 철저하게 준비하여 자신만만하게 임했는데 도중에 갈피를 잡지 못해 미로를 헤매는가 하면, 백지상태로 들어갔는데 의외로 놀라운 작품이 되기도 한다. 사람과 사람 사이의 소통은 생물 같은 것이어서, 당사자들이 그 순간에 주고받는 기운의 어우러짐에 그 성패가 좌우된다. 거기에 연루되는 변수들을 파악해서 사전에 통제하기가 쉽지 않다는 말이다.

그런데 그동안 실패한 강의들을 돌아보면, 프레젠테이션 파일을 사용한 경우가 의외로 많다. 물론 시각 자료를 다채롭게 섞어 강의를 진행하면 청중들이 덜 지루해한다. 그리고 내용을 더 구체적이고 생생하게 전달할 수 있고 동영상까지 곁들이면 금상첨화다. 하지만 그렇게 풍부한 자료들이 오히려 걸림돌이 되기도 한다. 우선, 미리 설정해놓은 페이지들을 기계적으로 따라가기 때문에 흐름이 경직될 수 있다. 전체적인 얼개가 정밀하게 짜여 있고 결론까지 예정되어 있어서, 도중에 전혀 새로운 이야기로 비약할 수 있는 여지가 좁은 것이다.

발표를 하는 것이라면, 시나리오를 꼼꼼하게 준비하여 오차 없이 진행해야 한다. 그러나 강의에서는 메시지의 일방적인 전달이 아니라 청중들과의 상호작용이 중요하다. 예상치 않게 떠오른 질문 하나로 인해 예정된 각본과 전혀 다르게 이야기가 흘러갈 수도 있다. 바로 그것이 강의의 절묘한 맛이다. 그런데 피피티 영상을 띄워놓으면, 그러한 반응과 참여가 봉쇄되기 쉽다. 청중은 일제히 구경꾼 모드가 되어버린다. 정밀하게 편집된 지식의 '디스플레이' 앞에서 수동적인 태세가 되는 것이다.

그래서 나는 얼마 전부터 가능하면 피피티를 사용하지 않거나, 꼭 필요한 부분으로 최소화하려고 한다. 강의의 많은 부분을 칠판이라는 올드 미디어로 진행한다. 키워드 몇 개를 중심으로 또는 어떤 설명의 도식을 그려가면서 이야기를 풀어간다. 칠판의 매력은 그 여백이 품고 있는 무한한 가능성에 있다. 거기에 어떤 단어나 그림이 들어갈지는 정해져 있지 않다. 오로지 그 시간 그 강의실에서 역동적으로 생성될 생각들이 기다리고 있을 뿐이다. 그 창발創發의 피드백은 강사와 청중 모두를 유쾌한 긴장으로 이끌어간다.

칠판 앞에서는 말과 글자만이 오간다. 영상이 배제되기에 따분할 수도 있겠지만, 나의 경험으로는 오히려 몰입도가 높고 청중들의 반응도 더 좋다. 말이나 글은 그 추상성 안에 수많은 현상들을 압축하면서 다양한 상상을 허용하고 여러 가지 경험을 반영하기 때문이다. 그 차이들이 유쾌한 긴장을 유발하면서 주의를 집중시킨다. 공허한 관념이나 구태의연한 당위는 삼가야 한다. 사물의 본질과 상호연관성을 발견하면서 개념을 터득해가는 보람, 구체적인 것을 포착하면서 보편적으로 생각하는 힘을 키우는 지성의 생동이 체감되어야 한다. 바로 그것이 배움의 기쁨이다.

그런 의미에서 교육 현장에서는 영상이 적절하게 제어될 필요가 있다. 인터넷 시대 우리 일상에는 이미지가 폭증한다. 스마트폰은 신체의 일부가 되어간다. 그런 가운데 우리는 눈빛과 마음으로 소통하는 데 점점 서툴러진다. 몇 해 전에 어느 외국 영화 감독이 한국에서 기자 회견을 했는데, 기자들이 모두 고개를 숙이고 노트북에 받아 적기만 하는 것에 불만을 터뜨린 바 있다. 2014년 10월 어느 저명한 미래학자의 강연회에서는 강의가 시작되자마자 30여 명의 청중들이 몰려나와 스마트폰으로 사진을 찍느라 소란을 피워 그를 화나게 했다. 그들 가운데는 막상 강연이 시작되자 강사의 말에는 귀를 닫고 스마트폰에 열중하는 이도 적지 않았다.

미디어는 배움을 탁월하게 촉매할 수도 있지만, 정반대의 효과를 내는 경우도 많다. 초등학교에서 '아이스크림'이라는 소프트웨어로 수업을 채우는 교사들이 있다. 교과서의 모든 내용을 수업 진행용으로 가지런히 정리해놓았기 때문에 차례대로 보여주면서 따라가기만 하면 수업을 간편하게 '때울' 수 있다. 그러나 스스로 연구하여 창안한 수업 내용이 아니기에 생동감이 있을 수 없다. 하루 종일 키보드만 클릭하면서 주어진 지침대로 수업을 진행하는 교사도 있는데, 그런 교실에서 학생들은 교사 대신 화면만 바라본다.

지식과 정보가 넘쳐나는 시대에 우리에게 필요한 것은 그것을 다루는 능력이다. 학생들은 배움의 과정 자체를 즐길 수 있어야 한다. 독서나 사유를 통해서 홀로 깨우치는 공부와 함께, 타인과 대화하면서 생각을 넓혀가는 즐거움을 맛보아야 한다. 21세기에도 학교가 존립해야 한다면, 교사와 학생 그리고 학생과 학생 사이에 그러한 만남이 이뤄져야 하기 때문이다. 이미 학교 바깥의 다양한 공간에서 실험되는 학습 생태계가 교육의 미래를 암시하고 있다.

멍석 깔아주기

오래전에 대학 강의실에서 있었던 일이다. 수업 중에 계속 잡담을 나누는 두 학생이 눈에 거슬려 혼을 내어 교실에서 내쫓았다. 수업 분위기를 해치지 말고 차라리 밖에 나가서 마음껏 이야기하라는 말을 덧붙였다. 학생들은 주변의 따가운 시선을 받으며 자리를 떴다. 그 가운데 한 학생을 다시 대면한 것은 학기가 끝난 다음이었다. 당시에 나는 시험 답안을 창의적으로 작성한 수강생들을 불러 모아 방학 중에 특별 공부 모임을 꾸렸다. 거기에서 그 학생은 자기가 바로 그날 수업 중에 쫓겨났던 당사자임을 밝혔다.

그렇게 '커밍아웃'을 하는 순간 나는 당혹감을 감출 수 없었다. 수강생이 워낙 많아서 나는 그 학생의 얼굴을 기억하지 못하고 있었다. 다만 당시의 감정만큼은 뚜렷하게 떠올랐다. 어떻게 저리 한심한 태도로 수업에 임할 수 있을까 생각하면서 화가 치밀어 올랐었기 때문이다. 학점도 당연히 최하위권으로 나올 것이라고 생각했다. 그런데 정반대로 청출어람이라고 할 만큼 훌륭한 답안을 제출한 것이다. 물론 그것이 불성실한 수업 태도에 '면죄

부'를 주는 것은 아니다. 다만 어느 한 가지 행동으로 사람의 모든 것을 규정할 수 없다는 것을 새삼 깨달았다.

학생들을 가르치면서 그런 각성이 종종 일어난다. 요즘 대학생들이 너무 소극적이고 줏대가 약하다는 지적이 자주 나오고, 나도 강의실에서 그런 모습을 접하곤 한다. 무기력한 표정과 공허한 눈빛에 슬픔마저 느낄 때가 있다. 예전에 어떤 수업에서는 그런 분위기를 견디기 어려워 후반부 몇 시간의 진행 방식을 바꾸어보았다. 교재와 연결되는 질문이나 경험, 또는 자기가 요즘 고민하는 주제를 정리해서 각자 10분 정도씩 간단하게 발표하고 전체가 토론하도록 했다.

학생들은 진솔하게 이야기를 꺼내놓았고 진지한 피드백이 이어졌다. 일상의 여러 에피소드, 다른 강의에서 얻은 관점과 문제의식, 책을 읽으며 깨우친 구절 등을 나누었다. 강의실에 기운이 생동하기 시작했다. 모두가 입체적인 소통의 즐거움에 몰입할 수 있었다. 흐리멍덩하게만 보였던 학생이 멋진 발표로 학우들에게 말을 걸 때, 나의 선입견이 통쾌하게 깨지는 희열을 맛보았다. 학생들의 수동성은 오랜 학교생활에서 굳어진 습관적 반응이었던 것이 아닐까.

산업화 세대와 민주화 세대는 도전과 개척의 경험이 있다. 힘을 모아 무언가를 이뤄낸 성취의 기억을 공유한다. 그에 비해 지금 젊은이들은 스스로 삶의 무대를 열어보지 못했다. 그들이 자라나는 세상은 너무 거대하고 고도로 조직화되어 있다. 이러한 환경에서는 주어진 게임에 적응하는 데 급급한 나머지, 자기 의지나 비전으로 판을 벌려보려 하지 않는다. 그 결과 리얼리티를 창조하면서 자아와 공동체를 빚는 경험이 희소해진다. 그 대신 상품과 이벤트를 구경하고, 인터넷과 스마트폰으로 세상을 '터치' 하는 데 많은 시간을 보낸다.

기성세대의 책무는 그들이 존재를 펼칠 수 있도록 멍석을 깔아주는 것이다. 자기 목소리가 안전하게 경청되고 다양한 몸짓이 너그럽게 받아들여질 수 있는 공간이 필요하다. 다소 어설프더라도 다양한 도전이 이뤄지고 집단 지성의 꽃이 피어날 수 있는 관계가 절실하다. 국가의 중요한 정책인 청년들의 일자리 창출도 당장의 생계를 위한 경제적 기획에만 머물러서는 안 된다. 그들 스스로 경험을 쌓고 다양한 사회를 실험하면서 시민으로 성장하도록 도모하는 복합적인 프로젝트가 되어야 한다. 시행착오를 학습의 일부로 인식하며 꿋꿋하게 인생 항로를 열어갈 수 있도록 이끌어야 한다.

기성세대는 젊은이와 아이들을 약점이나 결점 위주로 바라보는 습성이 있다. 겉으로 드러난 몇 가지 단편적인 현상으로 본질을 단정하지 말자. 경박하고 줏대 없어 보이는 모습 이면에 숨어 있는 또 다른 가능성들을 상상하고 북돋아주자. 먼 거리를 두고 판단과 평가의 대상으로만 바라보는 한, 그것은 포착되지 않는다. 마음과 마음을 잇는 선線들이 교차하여 면을 이룰 때, 삶은 경이로운 속살을 드러낸다. 상호작용의 역동이 일어나는 마당을 스

스로 꾸려가면서 살아 있음을 실감할 수 있다. 거기에서 배움과
성장의 동반자로 서로를 초대할 수 있다.

길이 보이지 않아도

"길을 잃어보지 않은 사람은 모르리라./터덜거리며 걸어간 길 끝에/멀리서 밝혀져 오는 불빛의 따스함을//〔……〕//먼 곳의 불 빛은/나그네를 쉬게 하는 것이 아니라/계속 걸어갈 수 있게 해 준다는 것을." (나희덕, 「산속에서」에서)

낯선 곳을 방문하면 길을 잃기 일쑤다. 시간이 다되었는데도 목적지를 찾지 못해 초조해하기도 한다. 인적이 드문 곳에서 어 둠이 내린 후의 방황은 두렵기까지 하다. 시인은 막막한 가운데 멀리서 반짝이는 불빛이 얼마나 큰 위로와 용기가 되는지를 묘사 하고 있다. 여행을 하다 보면 그렇듯 경이로운 순간을 종종 만나 게 된다.

스마트폰이 필수품이 된 시대에 그런 길 찾기는 점점 희소해지 고 있다. 인터넷의 도움으로 언제 어디서든 현재 지점과 이동 경 로를 간편하게 검색할 수 있다. 기계의 안내만 따라가면 낯선 곳 에서도 편리하게 목적지에 도달할 수 있다. 지금 젊은이들은 그 러한 정보 환경에서 성장해왔다. 심리학자 하워드 가드너Howard Gardner는 그들을 가리켜 '길을 잃어본 적이 없는 세대'라고 했다.

그들은 디지털 기기의 도움 없이는 스스로 판단을 내리지 못한다. 정보가 주어지지 않으면 좌절하고 문제를 들여다볼 생각도 하지 않는다는 것이다. 불확실한 미래, 그 안에 숨어 있는 위험을 회피하는 가운데 인생을 주도적으로 꾸려가는 힘이 점점 박약해진다.

'길을 잃어본 적이 없는 세대'는 다른 말로 하면 '스마트폰이나 태블릿 없이 낯선 곳에 가본 적이 없는 세대'라고 할 수 있다. 또는 '지도에 나타나지 않은 길을 가본 적이 없는 세대'이기도 하다. 젊은 세대만이 아니다. 정치적 불안, 빈곤의 확대, 인간관계의 해체 그리고 만성화되는 각종 재난들 속에서 대다수 사람들의 생존은 점점 불투명해지고 있다. 사회 자체의 앞길이 잘 보이지 않는 가운데, 저마다 안개 자욱한 미로를 탐색해야 한다. 때로는 없는 길도 뚫어야 한다. 어떻게 나아갈 것인가.

2014년 7월 안산 단원고 2학년생 30여 명이 국회의사당까지 1박 2일 동안 행진했다. 세월호에서 목숨을 잃은 친구들을 위해 뭔가 해야 한다는 생각에 길을 나섰고, 어느 구간에서는 시민들이 깔아준 노란 꽃잎을 지르밟고 가기도 했다. 햇볕이 뜨거워 많이 힘들었지만, 행인들이 보내준 갈채에 힘입어 1명의 낙오도 없이 무사히 목적지에 이를 수 있었다. 그 과정에서 500여 명의 시민들이 함께 걸었다. 생존학생 학부모 대표 장동원 씨는 어느 인터뷰에서 이렇게 말했다. "여의도에 도착한 뒤에도 행렬은 끝이 안 보였습니다. 아이들에게 '뒤돌아보라'고 했지요. 그걸 보고 우는 애들도 있었고요. 정말 이 아이들의 한 발걸음이 큰 발걸음을 만들었다고 생각해요. 〔······〕 '우리 사회가 아직 죽지 않았구나, 희망이 있다'고 생각했습니다. 그걸 아이들이 직접 본 것이죠. 매일 기사에 달린 댓글만 보다가 끝이 없는 행렬을 목격한 것이죠. 앞으로 살아가는 데에 큰 힘이 될 것입니다."*

정보 공간의 무한 확장 속에서 '현실'의 정체가 애매해지고 있다. '리얼리티 쇼'라는 장르가 유행하듯, 점점 더 많은 '실재'가 미디어 이벤트로 대체된다. 삶이 고단할수록 가상의 세계로 도피하고 싶은 충동이 만연하고, 요즘 청소년들 사이에 유행하는 판타지 소설도 그런 욕구를 반영한다. 친구들에게 괴롭힘을 당하고 공부 스트레스에 짓눌리다가 자살한 주인공이 마법세계에서 환생하여 전혀 새로운 인생을 시작하거나 절대자로 변신해 복수한다는 등의 스토리가 그것이다.**

세월호 참사는 우리에게 고통을 직면하는 힘을 요청하고 있다. 그 힘은 함께 찾고 만들어가야 한다. 입시 공부와 인터넷 그리고 비좁은 또래 집단에 갇혀 지내던 아이들이 자신의 아픔에 온몸으로 함께해주는 행렬을 목격하면서 감동했다. 그 순간의 위대한 연결에서 우리는 무엇을 발견했는가. 앞이 보이지 않는 세상에서 누구와 함께 길을 찾아 나설 것인가. 지친 발걸음을 격려하는 '먼

* 「살아남은 아이들이 감정을 표현하기 시작했다」, 『오마이뉴스』 2014년 7월 19일자.
** 「학교폭력·성적······ 고통을 환상으로 풀려는 고교생」, 『경향신문』 2014년 8월 5일자.

곳의 불빛'은 어디에 있는가.

무엇을 위한 평가인가

대학에서 강의를 해보면 모든 수업마다 불성실한 수강생들이 몇몇 있다. 결석이 너무 잦고 과제물도 제대로 제출하지 않는다. 선생의 입장에서 걱정스러운 일이 아닐 수 없다. 학업에 충실하기 어려운 사정이 생겼을 가능성이 높기 때문이다. 하지만 실제로는 걱정보다는 고마운 마음이 먼저 들 때가 가끔 있다. 철저한 상대평가 시스템 속에서 수강생 중 일정한 비율은 반드시 C 학점 이하를 받아야 하는데, 그들이 그 '바닥'을 확실하게 채워주면 성적 처리가 매우 수월해지기 때문이다. 학생들이 강의를 통해 얼마나 성장했는가보다 주어진 원칙대로 학점을 잘 부여했는가에 더 신경을 곤두세우고 있는 자신을 발견한다. 교육자로서의 사명을 잊고 평가자로서의 임무 수행에 매몰되어버리는 것이다.

평가 때문에 교육의 본연이 왜곡되는 것은 취업률과 관련하여 더 심각하게 일어난다. 어느 예술대학 교수가 사석에서 괴로운 심경을 토로했다. 졸업생들의 취업률을 높이기 위해 얼토당토않은 일을 하고 있는 모습에 자괴감을 느낀다는 것이다. 정말로 취업을 하는 것이라면 다소 힘이 들어도 보람을 가질 수 있지만, 실제로는 오로지 껍데기에 불과한 '성과'를 올리기 위해서 잔머리를 굴리고 있으니 교육자로서 죄책감마저 든다고 한다.

예술 계통 졸업생들은 전공을 살리고 싶으면 회사에 취직하기보다 작가의 길에 들어선다. 예술가로 활동하고 있는가의 여부로 취업 상황을 가늠할 수밖에 없다. 그런데 교육부는 일 년에 전시나 연주회를 몇 회 이상 했는가를 기준으로 취업률을 산출하여 보고하도록 하고 있다. 하지만 대학을 졸업하자마자 독자적인 작품을 발표한다는 것은 너무나 어려운 일이다. 대부분 그만큼의 내공과 기량을 갖추지 않았고 비용도 많이 든다. 힘들게 개최해 봐야 일반인의 관람은 거의 기대할 수 없다. 그런데도 오로지 취업률을 높이기 위해 억지로 그런 행사를 개최하도록 교수들이 독려한다.

왜 그런 일을 할 수밖에 없는가. 정부가 대학의 구조 조정과 정원 감축을 대대적으로 밀어붙이면서 전문대의 취업률을 80퍼센트 이상으로 높이겠다고 선언했는데, 이런 상황에서 각 대학들 그리고 대학 안의 각 학과들은 퇴출 대상이 되지 않기 위해 취업률에 목을 맬 수밖에 없다. 그 결과 실적이 좋으면 교육부로부터 재정적 지원을 받을 수 있다.

교수와 학생 모두 그런 숫자 늘리기가 얼마나 웃기는 쇼인지를 잘 안다. 교육당국도 그런 식으로 계산되는 취업률이 허수虛數임을 모르지 않을 것이다. 서로에게 그리고 스스로에게 눈속임을 하느라 예술가로 성장하는 데 요구되는 고독한 연마의 과정은 실종되어버린다. 어설픈 예술적 역량을 성급하게 부풀려 진열하는 가운데, 숙성과 발효의 시공간은 들어설 여지가 없다. 돈으로 대학을 통제하려는 국가, 정부 보조금에 목매다는 대학당국이 합세하여 청춘을 허비하도록 하고 있는 셈이다.

거대한 체제를 운영하기 위해서는 객관적인 평가가 매우 중요하다. 그럴수록 그 지표를 다양하고 유연하게 설정해야 한다. 피상적이고 단편적인 결과들만으로 본질을 규정해버릴 때 배움과 성장의 동력은 억눌리게 된다. 선생과 학생이 공모하여 실적 부풀리기 게임에 몰입하는 동안 사제 간의 유대는 허약해진다. 그러한 풍토에서 창의적인 인재가 배출되기는 어렵다. 자기 안에서 꿈틀대는 예술혼을 돌보고 가꿔가기는커녕, 기성세대에 대한 불신과 세상에 대한 냉소를 키우기 때문이다. 그것은 창작을 위해 감수해야 하는 배고픔보다 더 큰 폐해가 될 수 있다.

관료주의가 들이대는 획일적인 잣대와 막대한 돈의 위력에 대학은 언제까지 휘둘리고 끌려다닐 것인가. 자기 나름의 존재 이유를 선언하고 그것을 꿋꿋하게 밀고 나가는 지조를 기대할 수는 없을까. 창의성은 진정성에서 우러나온다. 문화의 풍요로움은 숫자로 환원되지 않는 차원에서 실현되고 확인된다. 당장 외형으로 드러나지 않지만 스스로 확신하는 내밀한 세계를 가꾸고 확장할 때, 젊은이들의 잠재력이 싹을 틔우면서 삶의 가치를 꾸준하게 생성할 수 있다. 대학이 지금처럼 자신을 존중하지 않는 한, 그런 꿈은 요원할 뿐이다.

멘토링과 스토리텔링

얼마 전 내 출신 대학의 어느 강좌에서 선배들과의 대화 자리를 마련했다. '그들도 우리처럼'이라는 제목으로 기획된 그 행사는 세 번에 걸쳐 진행되었는데, 80년대와 90년대 가운데 세 학번을 선정해서 각각 서너 명씩 초대하였다. 첫번째로 열린 81학번과의 대화는 1부에서 선배들끼리 마치 사석에서 이야기하듯 학창 시절과 그 이후의 삶에 대해 나누고, 재학생들이 그에 대해 질문을 하는 식으로 진행되었다. 2부에서는 하나의 공통 질문을 가지고 집중적인 대화를 나누었는데, 선배들에게는 '만일 당신이 내일 갑자기 일자리를 잃는다면?'이, 후배들에게는 '만일 당신이 갑자기 학교를 그만둔다면?'이라는 물음이 주어졌다.

대학가에 유행하는 멘토링 프로그램은 저명인사를 모셔다가 성공담을 듣는 내용이 주류를 이룬다. 그에 비해 이 자리는 전혀 다른 개념이었다. 선배들은 어깨에 힘을 빼고 후배들의 이야기에 귀 기울였다. 자신의 고민을 털어놓고 후배들에게 조언을 구하기도 했다. 세대 단절이 심각해지는 가운데 선후배 사이의 접점을 탐색하고 보다 나은 세계로 나아가는 지혜와 힘을 얻는다는 취지에 어느 정도 부합했다고 자평한다.

대화는 여러 갈래로 뻗어 나가면서 화제들을 쏟아냈다. 아들과의 소통에 무척 힘들어해 온 친구는 '요즘 대학생들은 아버지에게 바라는 게 뭐예요?'라고 물었다. 그에 대해 몇몇 학생들은 자기 아버지 앞에서는 드러내지 못했던 생각과 감정들을 스스럼없이 꺼내놓았다. 또 다른 친구는 오십 줄에 들어선 아버지들의 현실이 얼마나 혹독한지를 요즘 대학생들이 잘 몰라주는 것 같다고 아쉬움을 표했는데, 이야기를 주고받는 과정에서 오해가 풀리기도 했다.

대화는 꼬박 4시간 동안 빈틈없이 이어졌다. 그토록 온전히 몰입할 수 있었던 것은 보물찾기를 하듯 아슬아슬하게 공감대를 하나둘씩 발견해갈 수 있었기 때문이다. 대단한 깨달음이나 이렇다 할 만한 결론을 얻은 것은 아니다. 다만 젊은 세대와 기성세대가 서로를 막연한 고정관념이나 피상적인 이미지에 가두어두고 있었음을 넌지시 확인할 수 있었다. 더 나아가, 30여 년의 나이 차가 있지만 불안의 시대를 살아가는 동반자로서 무엇을 공유하고 어떻게 서로를 지지할 수 있는지를 암중모색하는 자리였다.

처음에 초대장을 받았을 때 우리 동기들은 후배들을 위해서 봉사한다는 생각으로 기꺼이 수락했다. 그런데 행사가 끝나면서 우리는 바로 자신들이 크나큰 선물을 받았다고 느꼈다. 동창회에서 종종 모이기는 하지만 늘 왁자지껄한 가운데 피상적인 대화만 나누기 일쑤다. 성찰적인 언어가 끼어들 여지는 매우 비좁다. 그래서 매우 친밀한 듯하지만 의외로 잘 모르는 것이 많다. 그날 우리 동기들은 서로의 학창 시절과 그 이후의 삶 그리고 거기에 얽힌 심경을 들으면서 깜짝 놀라게 된 것들이 적지 않았다.

우리 사회에는 공식적인 자리에서 개인의 이야기를 꺼내놓을 수 있는 스토리텔링의 기회가 거의 없다. 여럿이 모여 상대방의 내밀한 사연을 깊이 경청하면서 공감해주는 관계가 매우 부족하다. 경직되고 무미건조하거나 거대담론으로 무겁기만 한 공적 영역, 외롭고 갑갑하거나 참을 수 없이 가벼운 사적 영역으로 삶이 양분되었다. 사회 속에서 자아를 빚어갈 수 있는 공간이 절실하다. 그날 선후배의 만남에서 우리는 그 가능성을 엿보았다. 부모와 자녀의 입장을 객관화하면서 자기를 상대화하고, 편안하게 마음을 열면서 자기를 명료하게 비춰보는 시간이었다.

대학 진학률이 80퍼센트인 한국 사회에서 대학은 무엇인가. 졸업생들에게 모교는 단지 이력서의 한 줄에 불과한가. 지성을 키우고 전승하는 대학은 세대 간 교류를 통해 생애의 경로를 되짚어보는 거점이 될 수 있다. 불확실한 세상에서 두려움에 휘말리지 않고 존재의 용기를 충전할 수 있는 소통의 길이 거기에서 생겨날 수 있다. 작가 샘 킨과 앤 밸리-폭스는 『당신의 신비로운 여정』*에서 말한다. "자신을 아는 것은 자신을 드러내는 것으로부터 시작된다. 열린 마음과 가슴으로 듣는 신뢰할 만한 누군가

★　Sam Keen & Anne Valley-Fox, *Your Mythic Journey*, TarcherPerigee, 1989.

에게 자신의 삶에 대해 말하는 것을 스스로 들으면서 우리는 자
신이 어떤 존재인지 깨닫게 된다."

점심, 누구와 함께할 것인가

'식사하셨어요?' 우리가 늘상 주고받는 말이지만, 외국인들에게는 다소 생소한 인사말이다. 가난해서 밥을 흔히 굶던 시절이 지나갔는데도 우리는 여전히 식사 안부를 묻는다. 그만큼 우리 일상에서 식사의 의미가 큰 것인지도 모르겠다. 그런데 삼시 세 끼는 각각 조금씩 다른 특징을 갖는다.

아침 식사는 대부분 집에서 한다. 식구들과 함께 또는 혼자서 먹는다. 바쁘다 보면 출근길에 자그만 식당이나 가판대에 들러 토스트 같은 간이식으로 때우기도 한다. 이도저도 아니고 아예 굶는 경우도 많다. 한편 저녁 식사는 여러 사람이 어울릴 때가 많다. 직장 회식에서 동창회에 이르기까지 시간이 걸리고 술도 한 잔 곁들여지는 모임은 거의 저녁으로 잡힌다. 또한 친구들이 마음 느긋하게 담소를 나누고 싶을 때면 저녁 식사를 함께한다. 약속이 없으면 집으로 돌아와 식구들과 함께 저녁을 먹는다.

그에 비해 점심은 어떤가. 우선 세 끼 식사 가운데 집에서 먹는 비율이 현저하게 낮다. 대부분 바깥에서 이뤄지는 식사가 점심이다. 직장의 구내식당이나 학교의 급식 등을 포함해서 가족 이외의 사람이 만들어준 음식을 가족 이외의 사람들과 먹는 것이 일반적이다. 그것은 옛날 농촌에서도 마찬가지였다. 모내기나 추수로 한창 바쁠 때는 들판에서 동네 사람들과 어울려 점심을 해결하는 것이 자연스러운 관습이었다. 거기에 술까지 곁들여지면 망중한의 상쾌한 여흥과 교류의 마당이 펼쳐졌다. 그런 점에서 점심은 가장 사회적·사교적social인 성격이 짙다고 할 수 있다.

정오 무렵 도심지의 식당가에는 삼삼오오 몰려와 식사를 하는 직장인들로 가득하다. 혼자서 밥을 먹는 사람은 많지 않다. 직장인들은 점심시간이 가까워 오면 누구와 함께 밥을 먹을까 결정을 해야 한다. 거기에서 친소관계의 미묘한 지형이 가늠되기도 한다. 종종 기피의 대상이 되는 사람들이 있다. 평소에 껄끄러운 감정이 쌓인 사람들이다. 일하면서 생긴 불편한 마음을 식탁으로까지 끌고 가고 싶지 않은 것이다. 따라서 부하 직원들에게 원망을 많이 사는 상사는 자칫 점심시간이 궁색해질 수 있다. 물론 상사가 함께 밥을 먹자고 하면 마지못해 따라갈 수밖에 없는 경우도 많기는 하다.

그러나 그렇게 동행을 강요할 상사라도 있으면 좋겠다고 생각하는 이들도 적지 않다. 직장 자체를 갖지 못한 미취업자나 실직자들에게 점심은 서러움과 외로움의 시간이 되기 십상이다. 집에서 먹자니 눈치가 보이고, 바깥에 나와서 먹자니 함께 먹을 사람이 없다. 주머니 사정 또한 괴롭다. 일본 영화 「도쿄 소나타」(감독: 구로사와 기요시)를 보면 직장에서 해고당한 주인공이 가족에게 차마 그 사실을 알리지 못한 채 출근하는 척하고 집을 나와 넥타이 차림으로 노숙인 무료 급식소에 가서 밥을 얻어먹는 장면이 나온다. 아무리 맛있게 요리된 음식이라 해도 그런 상황에서 먹는 식사는 쓰디쓴 맛이리라.

더 이상 취업의 가능성도 없이 그리고 함께 지낼 가족도 없이 인생의 황혼에서 궁핍하고 쓸쓸하게 지내는 사람의 점심은 한결 더 처연하다. 황지우 시인은 그 장면을 다음과 같이 묘사한다. "나이 든 남자가 혼자 밥 먹을 때/울컥, 하고 올라오는 것이 있다/큰 덩치로 분식집 메뉴표를 가리고서/등 돌리고 라면 발을 건져 올리고 있는 그에게,/양푼의 식은 밥을 놓고 동생과 눈 흘기며 숟갈 싸움하던/그 어린것이 올라와, 갑자기 목메게 한 것이다//몸에 한세상 떠 넣어주는/먹는 일의 거룩함이여/이 세상 모든 찬밥에 붙은 더운 목숨이여/이 세상에서 혼자 밥 먹는 자들/풀어진 뒷머리를 보라/파고다 공원 뒤편 순댓집에서/국밥을 숟가락 가득 떠넣으시는 노인의, 쩍 벌린 입이/나는 어찌 이리 눈물겨운가." (황지우, 「거룩한 식사」)

세계에서 가장 빠른 속도로 고령화를 향해 달리는 한국에서 눈물겨운 찬밥 신세는 점점 많아질 것이다. 일터에서 너무 빨리 물러나고 인간관계는 점점 희박해진다. 혼자 사는 사람들이 계속 늘어난다. 독거노인의 증가가 그 중요한 원인이다. 이러한 추세에서 점심의 질은 점점 떨어질 것이다. 식사는 무엇을 먹는가 못지않게 누구와 함께 먹는가가 중요하기 때문이다.

직장이 없어도, 밥을 먹을 가족이 없어도 함께 식사할 수 있는 사람과 공간이 필요하다. 이 점에서도 역시 일본의 선행 사례들이 참고가 된다. 최근에 고령자들을 위해 다양한 복지 시스템이 창안되고 있는데, 그 가운데 눈에 띄는 것이 생활 공유 거주 공간이다. 기존의 노인 홈과 달리 일반 주택에서 이뤄지는 생활이다. 집에서 혼자 지내는 노인들이 아침에 그 집으로 와서 하루 종일 지내다가 저녁에 집으로 돌아가는 방식이다.

여기에서 흥미로운 것은 점심시간에 동네 주부들이 삼삼오오 찾아와 함께 요리를 하고 점심 식사를 한다. 어차피 혼자 집에 있기가 무료한 분들이 모여 시간을 보내는 것이다. 물론 노인들도 식사 준비에 동참한다. 심지어 어떤 치매 노인은 젊은이에게 요리를 가르쳐주기도 한다. 정신이 오락가락하지만 예전에 오랫동안 해왔던 일이기에 그때만큼은 비교적 정확하게 말을 한다. 노인들을 수혜의 대상으로 수동화하고 노인들끼리만 지내야 하는 일반적인 복지 시설과 달리, 이곳에서는 노인들 스스로 뭔가를 해내고 시설의 경계와 세대의 장벽을 넘어 교류가 이뤄지기에 삶의 활력이 늘 샘솟는다.

미국의 어느 대안 초등학교에서는 점심시간에 지역 주민들이 학교에 찾아와 학생들과 함께 식사할 수 있도록 개방한다. 물론 자기가 먹을 것은 싸가지고 와야 한다. 집에서 혼자 밥을 먹기 싫은 사람들이 여러 사람들과 어울리고 아이들과 이야기하면서 식사를 할 수 있으니 좋다. 학생들의 입장에서는 교사 이외의 어른을 접하면서 다양한 만남을 경험할 수 있다. 교사나 부모에 국한 되지 않는 다양한 인간관계를 경험하는 것은 인성 발달에 유익할 것이다. 식사를 매개로 해서 학교와 지역사회가 만날 수 있다면 일상의 윤기가 더해질 것이다.

한국어에서 '점심'은 '낮에 끼니로 먹는 식사'라는 의미로 원래부터 독립된 단어다. 그런데 그 말이 단순한 식사를 지칭하는 것을 넘어 '점심때'라는 시제를 나타내는 단어로 쓰이기도 한다. 즉 점심은 아침이나 저녁과 달리 말의 뿌리가 다른 것이다. 그리고 그것은 한자어로 '點心'이라고 쓴다. 마음에 점을 찍는 것, 그것이 바로 점심이다.

'식구食口'라는 말처럼 가족은 밥을 함께 먹는 사람들이다. 가족이 점점 해체되는 지금, 새로운 식구로 맺어지는 이웃들이 생겨나야 한다. 독거노인이나 결식아동이나 중증 장애인에게 도시락을 배달해주는 것도 매우 중요한 일이지만, 그보다 더 좋은 것은 그들이 한곳에서 여러 사람들과 어울려 함께 식사를 할 수 있도록 하는 것이 아닐까. 관청이나 사회단체에서 지역사회에 존재하는 다양한 유휴 공간을 활용하여 시도해봄 직하다. 거기에서 점심 식사는 단순히 허기를 채우는 생리적 행위가 아니다. 밥과 말이 어우러지는 성찬이다. 몸과 마음의 교류가 이뤄지는 놀이다.

노년에게 말 걸기

대학에서 '노인교육론'이라는 과목을 강의하면서 학생들에게 내주는 과제가 하나 있다. 주변에 계신 노인 한 분을 찾아가서 그의 생애사를 채록해오는 것이다. 자신의 조부모도 좋지만, 가능하면 낯선 분을 권한다. 친구의 조부모나 동네의 어르신도 괜찮고, 대학의 청소부 아주머니나 아파트 경비원도 인터뷰 대상이 될 수 있다. 눈길과 발길이 닿는 범위 내에서 한 분을 정해 그가 살아온 세월에 대해 여쭙고 자기 나름의 관점으로 정리하면 된다.

과제를 안내할 때 학생들은 시큰둥한 표정을 짓지만, 다음 시간에 와서 발표할 때는 대다수가 흥미로웠다고 소감을 말한다. 생각해보면 요즘 젊은이들은 다른 사람의 인생에 귀를 쫑긋 세워볼 기회가 거의 없다. 더구나 50년 정도 나이 차이가 나는 세대의 이야기를 진중하게 들을 수 있는 시공간이 주어지지 않는다. 자기 조부모도 예외가 아니다. 어릴 때부터 자주 뵀거나 심지어 함께 살고 있지만, 당신이 걸어온 역사에 대해서는 잘 모른다. 학생들은 이 과제를 수행하면서 비로소 그 사실을 깨닫게 된다.

그러한 대면과 질문은 노인에게도 선물이 되는 듯하다. 한 학생은 동네에서 부동산 중개업을 하는 노인을 찾아가 이야기를 청해 들었다. 그분은 성격이 꼬장꼬장하고 거칠어서 평소에 이웃들과의 관계가 원만하지 못했다. 이 학생이 시간을 내달라고 요청했을 때도 매우 퉁명스럽게 대꾸하면서 마지못해 응했다. 그런데 대화를 나눈 이후부터는 이 학생을 만날 때 표정과 태도가 바뀌었다고 한다. 예전과 달리 사뭇 부드럽고 친절하게 대해주더라는 것이다. 아마도 당신의 이야기를 그렇게 오랫동안 들어준 사람이 없었으리라. 그 온전한 경청에 뿌듯함과 감사함을 느꼈으리라.

몇 해 전 서울노인복지센터의 실무자에게 들은 이야기가 생각난다. 하루에 3,000여 명이 이용하는 시설이다 보니 직원들은 다양한 성격의 노인들을 접하게 되고, 유난히 까다로운 분들 때문에 골머리도 앓는다. 별것 아닌 일들을 문제 삼고 자꾸 민원을 넣어 직원들을 성가시게 하는 할아버지가 계셨다. 그런데 어느 날부터 그분이 갑자기 조용해지셨는데, 알고 보니 연극 동아리에 가입하여 활동하면서부터였다고 한다. 그러니까 그분에게 민원은 존재감을 확인하기 위한 아우성이었던 셈이다. 자기를 표현하고 타인과 어우러질 수 있는 마당에 초대되면서 더 이상 구차스럽게 물의를 일으킬 필요가 없게 된 것이다.

초고속으로 진행되는 고령화 사회에서 노년은 점점 버거운 짐으로 다가온다. 의료 혜택, 노령 수당, 연금 등을 둘러싸고 여러 가지 정책이 설계되고 있다. 그런데 복지의 확충과 더불어 고민해야 하는 것은 노인들의 자존과 위엄이 흔들리는 현실이다. 모든 것이 점점 빠르게 변화하는데, 수명은 자꾸 늘어난다. 뭇 경험들이 금세 휘발되어버리는 가운데 나이 듦은 단지 무의미하게 사라지는 소멸로 체감되기 쉽다. 살아온 날들의 기억이 오늘을 살아가는 밑거름이 될 수 있을까. 회한과 고통으로 가득 찬 일생이었다 해도 그 침전물을 다음 세대를 위한 보석으로 정제시키는 연금술은 어떻게 가능할까.

최근에 평생교육기관에서 노인들의 자서전 쓰기 강좌가 인기를 모으고 있다. 취업을 위해서 작성하는 이력서나 자기소개서와는 달리, 스스로에게 말을 걸고 안에서 우러나오는 목소리를 경청하는 글쓰기다. 번잡한 세상사에 쏠려 있던 시선을 잠시 닫고 조용하게 자화상을 그려보는 작업이다. 그 언어가 세대의 간극을 가로질러 융통될 수 있다면, 젊은이들은 자신의 미래를 한결 넓고 깊게 조망할 수 있을 것이다.

'노인교육론' 수업에서 수강생들에게 요구하는 또 다른 과제가 있다. 지하철을 탈 때 일부러 경로석 근처에 서서 노인들의 분위기를 느껴보고 그들 사이에 오가는 대화를 엿듣는 것이다. 이질적으로만 여겨지던 분들에게 의외의 친근감과 호기심이 생긴다고 말하는 학생들이 있다. 무관심과 체념의 장벽에 틈을 내고 접점을 두드리다 보면, 삶 그 자체가 세대 간 교신의 통로가 될 수 있을 듯하다. 이는 고령화 시대가 요구하는 문화적 도전이다.

위마니튀드, 돌봄의 철학

현재 한국에는 50만 명 이상의 치매 환자가 살고 있다. 2025년에는 100만 명, 2050년에는 230만 명을 넘어설 것으로 예상된다. 개인 및 가족과 사회 그리고 국가가 치매 때문에 치러야 하는 비용은 막대하다. 경제적인 부담만이 아니라 돌봄에 수반되는 심신의 노고가 만만치 않다. 정신세계의 단절과 그로 인한 소통의 불능, 최소한의 앞가림을 못해 모든 것을 보살펴주어야 하는 번거로움, 망상에 사로잡혀 막무가내로 고집을 피우는 것, 시도 때도 없이 터져 나오는 공격적인 언행 등이 간병의 어려움을 가중시킨다.

치매 환자가 드러내는 성향은 어쩔 수 없는 것일까? 프랑스에서 개발된 위마니튀드humanitude라는 접근 방법은 우리의 통념을 뒤집는다. '위마니튀드'란 'human'과 'attitude'의 합성어로서 인간적인 태도로 치매 환자를 돌본다는 뜻인데, 30여 년 전 어느 체육 교사가 휴머니즘 철학에 기초해서 창안했다. 최근 일본에서 적극적으로 도입하기 시작하면서 그 의미와 효능이 다시금 주목받고 있다. 그 실행 방법을 구성하는 세 기둥이 있는데 시선, 신체 접촉, 말 걸기가 그것이다.

'시선'이 왜 중요한가. 가족이나 간병인은 치매 환자를 대할 때 정면으로 바라보지 않는 경향이 있다. 누워 있거나 앉아 있는 환자를 위에서 내려다보는 경우가 많기 때문이다. 그러한 상황에서 환자는 지배당한다는 느낌을 갖는다고 한다. 게다가 치매에 걸리면 시야가 좁아지기에 보이지 않는 곳에서 목소리가 들리면 두려움이 더욱 커진다. 그렇다면 대안은? 무릎을 꿇듯이 자세를 낮춰서 눈높이를 맞춘 다음 정면으로 응시해야 한다. 눈과 눈이 온전하게 마주치면 마음도 편안해진다.

시선과 함께 강조되는 것이 '신체 접촉'이다. 상대방을 사물처럼 취급하지 않도록 조심하는 것이 핵심이다. 마치 더러운 물건을 집게로 집듯이 몸을 만지면 자존감이 떨어지기 쉽다. 예를 들어 환자를 일으켜 세우거나 모시고 다닐 때 손목을 붙잡아 끌어당기기 일쑤인데, 그런 동작은 공포감마저 불러일으키면서 환자가 스스로 움직이려는 의욕을 꺾는다고 한다. 그 대신 옆에 나란히 서서 상대방의 팔을 감싸 안고 어루만지며 동작을 지지해주는 것이 좋다. 부드러운 접촉을 통해 자신이 동등한 인간으로 대접받는다는 느낌이 전달되기 때문이다. 그렇게 해서 자기 힘으로 일어나 걸을 수 있게 되면 두뇌의 상태도 호전된다.

시선과 신체 접촉에 연결되는 것이 '말 걸기'다. 많은 치매 환자들이 하루 종일 침묵과 정적 속에 갇혀 있고 그나마 듣는 말도 대부분 단순하고 판에 박힌 지시들이다. 소통의 회로를 복원하는 것이 필요하다. 그 구체적인 방법은 목욕을 시키거나 옷을 갈

아입힐 때 지금 무엇을 하는지를 실황 중계하듯이 하나하나 설명해주는 것이다. 물론 환자는 그 말을 알아듣지 못하고 반응도 전혀 없을 수 있다. 그러나 마치 갓난아이에게 젖을 먹이거나 씻겨줄 때처럼 계속 말을 건네면, 갇혀 있던 세계에서 조금씩 빠져나오면서 상대방에게 호의적인 반응을 보인다고 한다.

위마니튀드 방법을 시행하면 그 효과가 곧바로 나타나는 것으로 보고된다. 무엇보다도 치매 환자의 폭력성이 눈에 띄게 줄어든다. 그들의 공격성은 특별히 심성이 거칠어서라기보다는 단지 자기를 방어하기 위한 행위일 뿐이라고 해석된다. 자기가 존중받는다고 느끼면 평온해지는 현상이 그것을 증명한다. 여기에서 얻게 되는 교훈은 치매 환자가 의식이 혼미하거나 붕괴되었다고 해서 그 영혼마저 망가진 것은 아니라는 점이다. 시선과 신체 접촉과 말 걸기를 통해서 은연중에 전달되는 진심은 놀라운 힘을 발휘한다. 치매 노인은 치료의 대상이기 이전에 인간적 유대의 파트너라는 인식의 전환이 필요하다.

치매 노인에 국한된 이야기가 아니라는 생각이 든다. 우리가 타인을 대할 때 눈길과 손길에 온전한 마음이 담겨 있는가. 가족끼리 함께 있으면서도 침묵으로 일관하거나, 기계적인 명령어들만 반복하지는 않는가. 급속하게 진행되는 고령화 사회에 적응하고 대비하기 위해서 여러 차원의 접근이 요구되지만, 일상과 마음의 습관부터 짚어보아야 한다. 치매는 우리가 어떤 존재인지, 인간이 진정으로 무엇을 원하는지를 새삼 깨닫게 해준다.

복지 | 유대 | 사회적 안전망 | 공동체

4

제 3 의
공 간

낭독의 공간

"새 학기 교실에/지난해의 아이들이 가고/지난해만 한 아이들이 새로 들어왔다//떠들고 웃고 반짝인다//이 반짝임은 지난해 그랬고 그 지난해도 그랬고/그전 해 그리고 내년에도 그럴 것이다//이 교실은 해마다/요만한 아이들이 앉았다 간다. 웃고 떠들고/침묵하고/흘러간다//교실은 아이들이 흐르는 강이다//나는 강의 한 굽이에 서서/강물의 흐름을 지켜보며 그 소리를 듣는다."(이성선, 「강물」)

예전에는 대학 강의실에 수업하러 들어가면 늘 왁자지껄했다. 강의를 시작하려 해도 시끄러운 소리가 그치지 않아 애를 먹었다. 요즘에는 그렇지 않다. 학생들이 조용해졌다. 강의에 임하기 위한 침묵이 아니다. 저마다 스마트폰에 열중하느라고 말이 없는 것이다. 친한 친구들끼리 앉아도 그런 경우가 많다. 강의실뿐 아니라 캠퍼스 공간 전체가 예전보다 훨씬 조용해진 듯하다. 집회가 없어진 지 오래고, 친구를 멀리서 크게 부르는 소리도 듣기 어렵다. 전화 통화 대신 문자를 애용한다.

동네에서도 아이들의 함성이 점점 사라진다. 바깥에서 어울려

놀지 않기 때문이다. 그런 성장 환경 탓인지, 젊은이들의 목소리가 갈수록 작아지는 듯하다. 강의 도중 학생들에게 질문을 하면, 대답이 잘 들리지 않아 크게 말해달라고 요청하는 일이 잦아진다. 그리고 학생들은 강의를 듣다가 궁금한 것이 있어도 곧바로 손을 들고 묻는 대신, 끝나고 개인적으로 다가와 질문하는 경우가 많다. 모두가 공유하면 좋을 내용인데도 말이다. 자기 음성에 많은 사람들이 귀를 기울이는 것이 부담되는 모양이다.

나는 학생들이 편안하게 목소리를 낼 수 있도록 유도하려 애쓴다. 자기 발언이 선생은 물론 학우들에게도 평가의 대상이 되지 않는다고 느껴지도록 분위기를 조성하는 것이다. 더 나아가 여러 생각과 마음들이 모여서 풍성한 언어의 공간이 형성될 수 있음을 경험하면, 말길은 여러 갈래로 뻗어 나간다. 하지만 처음 말문 여는 것을 망설이고 어색해하는 친구들이 많다. 그럴 경우 먼저 소그룹으로 나눠 간단하게 토론하고 결과를 발표하도록 하면 낯가림이 서서히 누그러진다. 친밀하고 안전한 관계를 통해 경계심을 풀 수 있기 때문이다.

발성에 대한 두려움을 내려놓는 또 하나의 방법은 '낭독'이다. 안중근 의사가 "하루라도 글을 읽지 않으면 입안에 가시가 돋는다"고 했던 말에 암시되어 있듯이, 근대 이전에는 동서양을 막론하고 글을 언제나 소리 내어 읽었다. 한국의 전통적인 공부에서도 경전의 음독이 필수였다. 인쇄술의 발달로 책이 보급되고 그와 함께 개인적 독서가 확대되면서 묵독이 대세가 되었다. 그것은 자기만의 정신세계를 다지는 데 도움이 된다. 그러나 관계 속에서 배움과 성장을 도모하기 위해서는 음독이 병행되어야 한다.

나는 강의를 할 때 가끔 수강생들이 돌아가면서 교재를 소리내어 읽도록 한다. 여러 빛깔의 음성들이 어우러지는 가운데 학습 공동체를 실감할 수 있다. 시를 낭송시키는 경우도 있다. 시를 제대로 음미하려면 눈으로 빠르게 훑어내릴 것이 아니라, 입으로 천천히 읽으면서 그 내재율을 느껴야 한다. 그를 통해 마음의 속도를 늦추고 가지런히 정돈할 수 있다. 그리고 낭독자는 그 엄숙한 시간을 주재하는 가운데 격조 높은 자아를 만나게 된다.

소리는 단순한 정보 전달 수단 이상의 의미를 지닌다. 전통 사회에서 종소리가 들리는 만큼의 거리가 한 마을이나 도시의 범위였다는 것에서 알 수 있듯이, 청각 신호는 듣는 사람들의 마음을 집중시키는 힘이 있다. 합창을 할 때 가슴이 트이는 까닭도 그러하리라. 똑같은 리듬과 호흡으로 몰입하면서 일체감을 갖게 되는 것이다. 낭독도 비슷한 효과를 자아낸다. 하나의 텍스트에 참석자들의 눈과 귀가 온전히 모이는 가운데 모두가 이 순간을 함께하고 있음을 확인할 수 있다. 일종의 공적인 공간을 창출함으로써 보다 넓고 높은 세계로 나아가는 기쁨이 거기에 있다.

디지털 통신이 폭증하는 가운데 아날로그적 관계는 점점 적막해지고 있다. 그 침묵은 그냥 공허함일 뿐이다. 마음을 여백으로 비우면서 존재를 느끼는 고요함이 우리에게 필요하다. 이따금 가

족이나 지인들끼리 둘러앉아 촛불 하나 켜놓고 낭독의 시간을 가
져보면 어떨까.

접대는 고귀한 것

1988년 서울올림픽 이후 한국에서 수많은 국제 행사가 거행되었다. 1990년대 문민정부가 '세계화'를 국정의 주요 의제로 내걸면서 박차를 가했고, 지방자치 시대가 열리면서 지자체 차원에서도 국제 행사를 개최하는 경우가 많아졌다. 그런 행사를 통해 지구촌 시민들에게 코리아 브랜드를 널리 알리고 국가나 지역의 격조를 높인다는 것이 주요한 명분이다. 또한 그것을 계기로 여러 가지 하드웨어를 확충하고 시스템을 업그레이드할 수 있다. 그래서 정부는 스포츠경기, 박람회, 예술축제, 학술대회, 국제회의 등을 유치하고 외국 손님들을 불러들이는 데 열성을 쏟는다.

그런데 우리의 일상에서는 어떤가. 고객은 많지만 손님은 사라지고 있다. 누군가를 집에 초대하는 일이 드물고, 타인의 집을 방문하는 것도 멋쩍어졌다. 가족 행사도 바깥에서 하기에 친지들 사이의 왕래도 뜸하다. 생활이 바빠지면서 집 안에 조촐한 응접의 자리를 펼칠 여유가 사라지는 듯하다. 이제 가정은 가족들만의 폐쇄 공간이 되어간다. 그렇다고 가족들끼리나마 오순도순 즐겁게 지내는 것도 아니다. 저마다 바깥에서 일이나 학업에 매달

리느라 집에서는 최소한의 숙식만 해결하는 하숙생 신세가 늘어난다. 주인이 없으니 손님도 없다.

『명심보감』의 「훈자訓子」 편에 이런 구절이 나온다. "손님이 오지 않으면 집안이 저속해지고, 시서詩書를 가르치지 않으면 자손이 어리석어지느니라." 집안에 손님이 찾아오는 것은 공부하는 것과 같이 중요한 일이요, 빈객賓客으로부터 배움은 『시경詩經』이나 『서경書經』에서 가르치는 바의 실제라는 뜻이다. 『논어』의 첫 구절에도 "학이시습지 불역열호"(배우고 때때로 익히면 또한 기쁘지 아니한가) 바로 다음에 "친구가 먼 곳에서 찾아오면 이 또한 즐겁지 아니한가"라는 문장이 이어진다. 손님 접대는 번거로운 일이지만, 인생을 깨우치고 세상을 알아가는 만남이다.

나는 존경하는 선배나 절친한 친구들을 집으로 종종 초대하는데, 자녀 교육에도 큰 도움이 된다고 생각한다. 부모가 손님을 맞이하는 모습을 보면서, 그리고 아이들이 직접 그분들을 대면하면서 예법을 체득한다. 어른들 사이에 오가는 대화는 생각의 폭을 넓혀준다. 또한 손님이 오시기 전에 집 안을 모처럼 정돈하고 깔끔하게 단장하게 되니 가격家格이 올라간다. 손님이 떠나신 후에도 정갈한 기운이 감도는 듯하다. 예전에는 그러한 관행이 일상이었다. 어른들은 손님맞이를 통해 어른으로서 품위를 세웠고, 아이들은 여러 어른과 관계를 맺으면서 철이 들었다. 국제 행사를 치르면서 사회가 한 단계 성숙하는 것과 마찬가지다.

그런데 언제부터인가 '접대'나 '향응' 같은 말은 부정부패를 상징하는 말이 되었다. 뉴스에는 온통 '성性 접대' 이야기뿐이다. '접대'는 '손님을 맞아서 시중을 든다'는 뜻이다. '향응'은 '특별히 융숭하게 대접한다'는 뜻이다. 인간이 인간에게 베풀 수 있는 최고의 환대가 지금 우리 사회에서는 비루하고 추악한 모습으로 타락한 것이다. '접객'은 '업소'에서만 이뤄진다. 가족끼리 누리지 못하는 단란함이 단란주점에서 경험된다. 반면에 손님의 출입이 사라진 가정은 무미건조하게 정체되어간다. 외부 세계와의 교류가 막혀 분위기가 '저속'해진다.

접빈객의 문화를 다시금 살려낼 수 없을까. 식사를 차리는 것이 부담이 된다면, 외식을 한 후에 집으로 와서 가볍게 차를 한잔하며 담소를 나누어보자. 손님 대우를 받으면서, 우리는 일의 세계에서 박탈되기 쉬운 자아 존중감을 회복할 수 있다. 주인 노릇을 하면서, 자기다움의 위엄을 새삼 가다듬어볼 수 있다. 사람이 사람을 통해 격상될 수 있음을 체험한다. 그 뿌듯함으로 가족들끼리도 정성으로 대하게 될 것이다.

접대를 통해 우리는 서로의 고귀한 인격에 접속한다. 오가는 발걸음이 너그러운 마음을 빚어낸다. "사람이 온다는 건/실은 어마어마한 일이다./그는/그의 과거와/현재와/그리고/그의 미래와 함께 오기 때문이다./한 사람의 일생이 오기 때문이다./부서지기 쉬운/그래서 부서지기도 했을/마음이 오는 것이다—그 갈피를/아마 바람은 더듬어볼 수 있을/마음,/내 마음이 그런 바람을 흉내 낸다면/필경 환대가 될 것이다." (정현종, 「방문객」)

아이들에게 놀이터를 돌려주자

내가 사는 동네에 작은 공원이 하나 있다. 농구장 3~4개가 들어갈 만한 운동장이 있고 주변에 나무와 잔디가 심어진 그곳은 주민들에게 소중한 쉼터다. 인근 유치원 아이들이 교사와 함께 와서 놀고, 청소년들이 농구를 하고, 노인들이 게이트볼을 친다. 그런데 얼마 전에 그 공간에 변화가 생겼다. 운동장 전체를 게이트볼장으로 만들어버린 것이다. 네 개의 코트로 구획을 지어 그 사이에 낮은 칸막이를 설치하고 바닥에는 인조잔디를 깔았다. 이제 그 공원은 오로지 게이트볼 회원들만의 전용구장이 되었다. 그나마 아이들이 흙을 밟고 뛰어놀던 장소는 그렇게 없어졌다.

인류의 오랜 역사 속에서 마을은 여러 세대가 공존하는 삶터였다. 그곳에서 사람들의 다양한 행동이 뒤섞이고 때론 마찰을 빚기도 했다. 특히 아이들이 어른들의 공간을 자연스럽게 '침해'하는 경우가 많았다. 놀이터를 따로 마련해놓지 않았기에 말썽꾸러기들은 공터나 골목을 '무단 점거'하기 일쑤였다. 못 말리는 천방지축은 어른들을 성가시게 하고 꾸지람을 사기도 했지만, 바로 그러한 '위반'이야말로 유희 충동의 중요한 본질이다. 본래의 용도에 아랑곳하지 않고 주어진 공간을 자기들 나름대로 활용하거나 개조하면서 창의적인 지혜를 발휘하는 것이다.

한국 주거지의 대세를 이루는 아파트 단지에서 그러한 변통은 거의 불가능하다. 모든 공간이 성인과 일 중심의 기능 위주로 꽉 짜여 있기 때문이다. 공터는 사라지고 도로와 주차장이 들어선다. 이제 놀이터나 체육시설 이외에서 노는 것은 위험하다. 아이들의 놀이 종류도 현격하게 줄어들었다. 숨바꼭질, 다방구, 자치기, 구슬치기, 비사치기, 고무줄놀이 등이 자취를 감추었다. 아이들은 방과 후에 학원으로 전전하거나 골방이나 피시방에서 인터넷 게임에 몰두한다. 그런데 그나마 남아 있던 아이들의 놀이터마저 성인들이 차지한다. 초등학교 운동장이 조기축구회의 전용 경기장이 되고, 청소년수련관의 실내코트는 배드민턴 클럽의 전유물이 되었다.

한때 무상급식 논쟁이 서울시장까지 물러나게 할 만큼 격렬했던 적이 있고, 여전히 뜨거운 감자로 남아 있다. 그런데 잘 먹는 것만큼 중요한 것이 잘 노는 것이다. 놀이는 신체적인 건강은 물론 정서적인 에너지와 사회적인 지능 발달에도 필수 요건이기 때문이다. 그런데 지금 도시의 아이들에게 허용된 자유 공간은 헐벗고 굶주리던 시절보다 훨씬 열악하다. '무상 놀이터'들이 줄어들면서 놀이에 들어가는 돈(놀이공원 입장료 등)이 늘어난다. 이제 급식과 함께 놀이 공간도 아동 및 청소년 복지의 핵심 주제로 떠올라야 한다. 큰 예산을 들여 별도의 하드웨어를 짓기 전에, 이미 있는 공원에 아이들이 편안하게 머물고 뛰놀 수 있는지 살펴보자. 선거에서 힘을 행사하는 각종 생활체육 동호회의 비위를 맞추느라 투표권이 없는 청소년들의 공간을 침식하고 있지는 않은지 둘러보자. 아이들의 놀이터가 별도로 설치되어야만 하는 것은 아니다. 생활 리듬과 일과에 맞춰 시간대별로 나눠 쓰고, 때로는 함께 어우러질 수도 있다. 놀이나 스포츠야말로 세대차를 넘어서 만날 수 있는 멋진 가교가 아닌가.

대전에 '뿌리와 새싹'이라는 커뮤니티센터가 있다. 노인과 아동이 함께 생활하는, 이른바 노유老幼복합시설이다. 그곳에는 공동육아 어린이집과 경로당, 그리고 지역 주민들의 소모임이 공존한다. 여기에서 아이들은 어르신들과 나들이를 하고 세시와 절기 행사를 꾸리며 전통 놀이를 배운다. 함께 텃밭을 가꾸고 전통 음식을 만든다. 노인들의 경험과 손재주가 아이들에게 선물이 되는 것이다.

저출산에 대한 해법이 다각적으로 모색되는 지금, 아이들에게 안전하고 즐거운 성장의 마당을 열어주는 것이 중요한 과제로 대두된다. 가족 이외의 다양한 어른들의 눈길과 손길이 거기에 깃들 때, 부모들이 버거워하는 양육의 짐은 다소 가벼워질 수 있다. 유치원 아이들이 공원에서 할아버지들과 함께 채소를 가꾸고 청소년들이 배드민턴장에서 아주머니들과 함께 땀을 흘리는 동네, 아이를 낳고 싶은 세상은 그런 모습이다.

쓸모없는 사람은 없다

울릉도에 오징어, 호박엿과 함께 3대 명물로 불릴 만큼 유명한 노인이 한 분 계시다. 매년 열리는 도민 체육대회에 가장 오래전부터 참여한 인물로서, 대회 때마다 그분이 트랙을 한 바퀴 도는 특별 순서를 마련한다. 참가자들이 큰 박수로 그의 질주를 응원한다. 그 주인공의 이름은 이상호. 나이는 (당시) 74세. 미혼. 지능이 많이 부족하여 노동의 대가로 돈을 받고도 얼마인지 셈하지 못한다. 그러면서도 돈이 생기면 한 푼도 쓰지 않고 꼬박꼬박 통장에 집어넣는다. 집을 장만하여 결혼하는 꿈을 이루기 위해서다. 그가 사는 동네 주민들은 몇십 년 동안 그를 알고 지내왔기에, 그가 어디에서 무엇을 하든 금방 알아본다. 그리고 집 운반이나 오징어 말리기 등 소일거리가 있으면 그에게 부탁하고 일당을 챙겨준다. 식당에 들어가서 밥을 달라고 하면 언제든 공짜 식사를 내어준다. 그러나 그에게는 공짜가 없다. 반드시 그 식당을 위해서 어떤 일을 해준다. 그렇게 신세를 지지 않았어도 길을 다니면서 담배꽁초를 일일이 줍는다. 궂은일들을 찾아 자기 일처럼 하는 이상호 할아버지를 주민들은 모두 좋아한다. 다큐멘터리

「상호 할아버지」*에서 소개된 내용이다.

영상으로 소개된 내용을 글로 옮기려니 그분의 표정과 말투, 그리고 그가 이웃들과 주고받는 대화의 분위기 등을 전달하지 못하는 것이 애석하다. 그는 일요일마다 교회당에서 예배를 드리고 밥 먹을 때마다 기도를 빼놓지 않는다. 기도의 내용은 간단하다. "울릉도에 사람들이 많이 와서 장사가 잘 되어야겠습니다. 이번 주일에 교회에 가서 오천 원 헌금하겠습니다." 성묘를 하면서도 기도를 올린다. "조심해 살면서 천당에 무사히 가야겠습니다." 어눌한 말씨가 영락없이 어린아이의 그것이다. 그의 삶에는 꾸밈이 없다. 그의 말에는 과장이 없다. 하루하루 주어진 일들을 묵묵히 행하는 그에게서 나는 성자의 모습을 보았다. 자기를 지워버리고 모든 것을 있는 그대로 받아들이는 '단순한 마음.' 이상호 할아버지는 그러한 깨달음의 경지를 구현하고 있는 듯했다.

그런데 만일 그분이 대도시에서 살았다면 어떠했을까? 틀림없이 행려병자로 진작 생을 마감했을 것이다. 익명의 거주지에서 그와 같은 지적 장애인이 할 수 있는 일은 거의 없다. 이웃의 돌봄이 없는 동네에서 그는 무능하고 거추장스러운 낙오자일 뿐이다. 하지만 공동체 속에서는 전혀 다른 처지가 된다. 예전에 농촌에서 살아본 이들은 비슷한 경험을 했을 것이다. 나도 어릴 적 방학 때마다 외가에 내려가 마을에서 본 장면이 기억난다. 벙어리

* 2009년 12월 13일 MBC 특집 다큐멘터리 「상호 할아버지」.

어른이 한 분 계셨는데 아무런 지장 없이 살고 있었다. 그와 소통하는 데 필요한 수화를 동네 어른들 모두 구사하고 있었기 때문이다.

요즘 일본에서 새로운 유형의 복지 시설이 늘어나고 있다. 얼마 전 NHK 방송에 소개된 것을 인상 깊게 보았다. '공생共生형 개호介護'*라는 개념으로, 한 공간 안에 노인과 장애인과 어린아이들이 함께 생활하는 것이다. 무엇을 위해서? 예를 들어 치매 노인이 중증 장애인의 식사를 도와준다. 신기하게도 그때만큼은 제정신으로 돌아오는 분들이 많다. 장애인이라고 해서 도움을 받기만 하는 것이 아니다. 세탁기 등을 조작하는 데 미숙한 노인들은 문제가 생기면 기계를 잘 다루는 어느 장애인을 찾는다. 문제를 해결한 장애인의 얼굴에 미소가 흐른다. 그리고 어떤 할아버지는 혼자서는 일어서지 못할 만큼 육체가 노쇠했는데, 자기를 친조부처럼 따르는 아이가 손을 내밀어 놀아달라거나 도움을 청하면 어디서 힘이 솟구치는지 천천히 몸을 일으킨다.

고령화가 급속하게 진행되는 가운데 '약자 친화적인' 사회가 요청된다. 그런데 상황은 반대로 가는 듯하다. 약자들을 모두 제도의 책임으로 떠넘기면서 복지의 대상으로 전락시키고 있다. 누구나 다른 사람에게 무엇인가를 해줄 수 있는 의지와 자원을 지니고 있는데, 그것은 일정한 사회적 관계 속에서만 발휘된다. 일

★　돌봄과 치료를 겸한 서비스를 칭하는 일본어.

상 속에서 만나 마음을 나눌 수 있고 소소한 도움들을 주고받는 이웃, 여러 가지 경험을 공유하면서 서로의 인생을 지켜봐온 관계는 노년의 삶에서 목숨과도 같은 것이다. 인간의 능력이나 품성은 사회 속에서 인지되고 형성된다. 따라서 재개발이니 뉴타운이니 하면서 오랫동안 형성되어온 삶의 생태계를 허물어버리는 것은 그 자체로 폭력이다.

한국인들의 불행 감각이 날카로워지는 까닭은 무엇인가. 자신의 존재를 있는 그대로 승인해주는 타자가 없기 때문이다. 나의 고유한 사람됨을 알아봐 주고 어떤 역할을 끌어내 주는 '사회'의 부재가 사람들을 외롭고 고단하게 만든다. 그것을 보상하기 위해 많은 돈을 벌어야 하고 높은 지위에 올라야 하는 경쟁이 가속화된다. 하지만 그 게임에서는 대다수가 패자로 전락한다. 지금 우리에게 필요한 것은 삶의 자양분을 스스로 생성할 수 있는 작은 세계다. 가진 것이 많지 않아도 살아 있음의 즐거움을 넉넉하게 누릴 수 있는 공동의 터전이다.

잘 산다는 것. 현대사회에서 그것은 저절로 되지 않는다. 때때로 성찰하고 자기를 돌보지 않으면 천박한 풍조에 휩쓸리기 십상이다. 그런데 이토록 정신없이 쫓기는 세상에서 개인적으로 그러한 사유의 시간을 갖는다는 것은 얼마나 어려운 일인가. 하지만 그러한 세계를 갈구하는 개인들이 뜻을 모아 안전한 의미 공간을 만든다면, 크고 작은 사회적 압박들에서 자기를 지켜내고 사람다운 삶의 자리를 빚어낼 수 있다. 다양하게 시도되는 생활 공동체나 협동조합에서도 그 실마리를 찾게 된다. 누구에게나 삶을 고귀하게 만드는 힘이 있다. 사람과 사람이 어울려 빚어내는 기쁨의 에너지로 삶의 자리가 하나둘씩 변모해갈 때, '살 만한' 세상의 부피는 그만큼 커질 수 있다. 간디의 한마디가 새삼 울려온다. "당신이 보고 싶은 세계를 몸소 구현하라."

아픔은 그냥 견디는 것

"바닥까지 가본 사람들은 말한다/결국 바닥은 보이지 않는다고/바닥은 보이지 않지만/그냥 바닥까지 걸어가는 것이라고/바닥까지 걸어가야만/다시 돌아올 수 있다고//바닥을 딛고/굳세게 일어선 사람들도 말한다/더 이상 바닥에 발이 닿지 않는다고/발이 닿지 않아도/그냥 바닥을 딛고 일어서는 것이라고//바닥의 바닥까지 갔다가/돌아온 사람들도 말한다/더 이상 바닥은 없다고/바닥은 없기 때문에 있는 것이라고/보이지 않기 때문에 보이는 것이라고/그냥 딛고 일어서는 것이라고." (정호승, 「바닥에 대하여」)

'휠체어 위의 성자'라고 불리는 심리학자가 있다. 그는 대니얼 고틀립으로 학습장애를 극복하고 30대에 정신의학 전문의가 되었다. 두 명의 딸 그리고 부인과 단란한 가정을 꾸리던 중, 엄청난 시련을 맞는다. 결혼 10주년 선물을 구입하러 차를 몰고 나갔다가 교통사고로 목뼈가 부러져 전신 마비가 되어버린 것이다. 그 후에 그는 휠체어 신세가 되어 배변도 제대로 통제하지 못했다. 그로 인해 우울증을 겪게 되면서 부인과도 이혼했다. 그리고 하나밖에 없는 누나와 이혼한 부인, 그리고 부모와 모두 사별했다. 거대한 폭풍이 지나갔나 싶었는데 작은딸의 아들, 즉 손자에게 자폐 증상이 발견된다. 그것은 그의 인생에서 가장 큰 절망이었다고 한다. 하지만 그는 이에 굴복하지 않는다. 오히려 자신의 손자 샘에게 인생에 대한 귀중한 조언들을 편지로 쓰기 시작한다. 그 내용은 『샘에게 보내는 편지』*라는 책으로 출간되었다.

혹독한 절망 속에서 무엇을 붙잡고 앞으로 나아갈 수 있을까. 희망을 가지라고 흔히 이야기한다. 그러나 그 희망이 이뤄지지 못할 때도 많다. 그러면 더욱더 깊은 절망의 늪으로 빠져들 수 있다. 그렇다면 어떻게 해야 할까. 희망에 대한 새로운 관점이 필요하다. '스톡데일 패러독스'라는 것도 그 가운데 하나다. 제임스 스톡데일James Stockdale은 베트남 전쟁에 참전한 최고위 장교였는데, 적군의 포로로 잡혀 무려 8년 동안 감옥에서 지내면서 20여 차례의 고문까지 받았다. 장교였던 만큼 중요한 군사 기밀을 캐내기 위해 훨씬 가혹한 고문이 가해졌을 것이다. 그 모진 과정을 뚫고 그는 결국 귀환했다.

사람들이 그 생존 비법을 질문했을 때, 그는 결국 자신이 살아 돌아갈 것이라는 신념을 한 번도 버린 적이 없다고 말했다. 여기서 중요한 것은 그가 일반적인 의미에서 낙관주의자는 아니었다는 점이다. 예를 들어 '이번 크리스마스 때는 꼭 석방될 거야, 크

★　대니얼 고틀립, 『샘에게 보내는 편지』, 이문재·김명희 옮김, 문학동네, 2007.

리스마스가 아니면 부활절……'이라는 식의 희망을 갖는 낙관주의자는 그 꿈이 현실로 나타나지 않았을 때 쉽게 좌절하고 결국 목숨을 잃었다고 한다. '잘될 거야'라는 식의 안이하고 단기적인 희망은 당장 눈앞에 닥쳐 있는 현실을 외면하게 만들기 때문이다. 그는 현실을 있는 그대로 직시하면서도 궁극적으로는 승리할 것이라는 태도로 맞섰다고 한다. 그것을 스톡데일 패러독스라고 하는데, '낙관주의처럼 보이는 현실주의'라고 할 수 있다.

현실을 받아들이고 견딘다는 것은 매우 어려운 일이지만 결코 피할 수 없는 과제다. 고 박완서 작가는 1988년 남편과 사별한 지 1년도 채 안 됐을 때 아들을 교통사고로 잃게 되었다. 그 슬픔은 그동안 인생의 여러 장면에서 맛보았던 것과 전혀 다른 것이었다고 한다. 남편과 사별했을 때조차 그 울음에는 약간의 감미로움 같은 것이 섞여 있었고, 그것은 고통을 견디게 해주는 진통제 같은 것이었다. 그런데 아들을 잃었을 때의 울음은 전혀 감미로움이 섞여 있지 않고, 구원의 희망이 없는 극형일 뿐이었다고 회상한 바 있다.

수녀원에 찾아가 하느님에게 절규하듯 따져 물었다. 왜 자신에게 그런 고통이 주어졌느냐고, 당신이 살아계신다면 아들을 왜 죽게 했느냐고, 한 말씀만 해달라고 다그쳤다. 하지만 아무 말도 들려오지 않았고, 그 대신 그동안 먹히지 않던 밥이 목구멍으로 넘어가기 시작했다. 그런 정황에서 육신의 배고픔이 작동하는 것이 참담하게 부끄러웠지만, 그것이 절대자의 한 말씀이었음을 깨닫는다. 그분은 밥으로 몸소 찾아와 '우선 먹고 살아라'는 메시지를 준 것이다. 박완서 작가는 '그 엄청난 고통을 어떻게 극복했느냐'는 상투적인 질문이 싫다면서 이렇게 말했다. 아픔은 절대로 극복할 수 없다고, 그냥 견디고 사는 것이라고.

그렇게 견디는 데 도움이 된 것은 남편, 아들과 함께했던 추억이라고 했다. 서로 믿고 사랑하면서 나누었던 삶의 순간들을 되새기면서 재기할 수 있었다고 한다. 결국 우리가 고통과 좌절 속에서 헤맬 때, 타인과 깊이 연결되는 충만함이 존재를 새로운 차원으로 끌어올려 주는 것이 아닐까. 앞서 언급한 대니얼 고틀립도 손자에게 이렇게 조언한다. "부끄러움은 살아가는 내내 다른 방식으로 계속 찾아올 것이다. 부끄러움을 느낄 때면, 너를 사랑하고 너를 있는 그대로 받아들이는 사람을 찾아가기 바란다. 그렇게 무방비 상태로 자신이 드러났을 때 맺어지는 친밀감 속에는 놀라운 기회가 숨어 있다. 네가 있는 그대로의 너 자신으로 사랑받을 수 있는 기회가!"*

★ 같은 책, 105쪽.

복지는 복의 나눔이다

매달 20일은 공무원들의 월급이 나오는 날이다. 그런데 지자체의 복지 담당 직원들은 이날을 두려움으로 맞이한다. 수급자의 급여일이기도 하기 때문이다. 정해진 기준을 초과하는 무리한 요구를 하면서 억지와 행패를 부리는 이들이 있다. 전화를 받으면 다짜고짜 험악한 욕설부터 쏟아내고, 직접 찾아와서 아무 일도 못하게 난동을 부리기도 한다. 2014년 서울의 어느 구청에서는 수급자가 뜨거운 찻잔을 던지는 바람에 여직원이 얼굴에 화상을 입은 일도 있었다. 이런 상황에서 담당 공무원들은 만성적인 감정 부조화와 소진 상태에 빠지기 일쑤다. 공무원만이 아니라 복지관의 사회복지사들도 비슷한 어려움을 겪는다.

수급자들은 왜 그렇게 거칠어지는가. IMF 금융 위기 이후 경제가 저성장 기조로 전환되면서 사회 전반의 유대와 결속이 급격하게 해체되었다. 그런 가운데 부의 양극화가 심화되었고 극심한 패배 의식이 만연하게 되었다. 무너진 자존감을 회복하기 위한 몸부림은 담당 실무자들에 대한 '갑질'로 표출된다. 실무자들은 자신을 늘 떠받들어주는 유일한 타인일 가능성이 많고, 가장 쉬워 보이는 상대이기 때문이리라. 그리고 비슷한 처지에 있는 다른 사람들과 끊임없이 비교하면서 상대적인 불이익을 겪는다거나 덜 존중받는다고 여겨지는 처사에 민감하게 반응하는데, 그 화살은 고스란히 실무자들로 향하기 마련이다.

실무자들이 자기를 방어할 수 있는 시스템이 마련되어야 한다. 감정 노동에 대한 관심이 환기되면서 일어나는 변화를 참고할 만하다. 악질 고객을 계속 상대하다 보면 심신이 황폐해지고 서비스의 질도 떨어진다는 점을 뒤늦게 깨닫기 시작한 일부 기업에서는 상황별로 대응할 수 있는 매뉴얼을 마련하고 있다. 직원의 건강과 자존감이 직무의 태도와 효율로 이어진다고 볼 때 당연한 조치다. 사회복지의 경우에도 실무자들의 인권이 보장되어야 한다. 원칙이 관철되는 시스템이 정립되어야 막무가내 수급자들이 막말과 폭력을 삼가게 된다.

'복지'의 뜻을 보자. '건강하고 윤택한 생활' '안락한 환경을 조성하여 사람들이 행복을 누릴 수 있도록 하는 작업'이라고 사전에서 정의된다. 한자를 보면 복福＋지祉인데, '지祉'는 '하늘에서 내리는 복'이라는 뜻이다. 그러니까 복지에는 삶 속에서 복을 지어내고 나누는 기쁨이 수반되어야 한다. 그런데 지금 한국에서 복지는 자원의 배분 쪽으로 너무 치우쳐 있다. 그러다 보니 수급자들은 감사함보다 박탈감을 갖는 경우가 많다.

복지의 핵심은 사회적 관계의 복원 내지 창조에 있다. 그를 통해 마음이 자라나고 연결되면서 공동의 삶을 고양시키는 것이다.

막연한 이야기가 아니다. 주민들이 지역에 밀착하여 돌봄 생태계를 만들어낸 사례들이 적지 않다. 동네의 가가호호를 방문하여 생활 실태를 조사하고, 이웃끼리 주고받을 수 있는 호혜의 네트워크를 짜고, 정책 제안까지 해내는 경우도 있다. 그것은 단순히 어떤 필요를 섬세하게 파악하여 효과적인 서비스를 제공하는 차원을 넘어선다. 그 과정에서 사람들 사이에 새로운 관계가 싹튼다는 점이 중요하다.

서울시의 자활 담당 공무원이 흥미로운 사례를 들려주었다. 노숙인들로 하여금 발달 장애인 시설에서 봉사하면서 생활비를 받도록 하는 프로그램을 실시한 적이 있다. 함께 지내는 장애인들은 노숙인들을 '선생님'이라고 부르며 잘 따랐다. 인생에서 참으로 오랜만에 귀한 존재로 대접을 받게 된 노숙인들은 심성이 온화해졌다고 한다. 무능한 약자가 아니라, 다른 사람의 즐거움을 도모하고 더불어 더 나은 삶을 빚어가는 능동적 주체로 나설 때 마음은 단단하면서도 부드러워진다. 사회복지는 그러한 사회적 자존감을 북돋아주는 운동과 병행되어야 한다.

"복지사회란 경제적인 조건만으로 되는 것이 아니고, 영혼의 탐구가 상식이 되는 사회이어야" 한다고 시인 김수영은 말한 바 있다. 복지는 궁극적으로 영혼의 회복이고, 그것은 넘치는 감사로 이어질 수밖에 없다. 국가가 모든 것을 떠맡고 국민은 개별적 수혜자로서 요구하기만 하는 구도에서는 어려운 이야기다. 서로의 삶을 보살피고 공동의 영역을 가꾸는 공적인 책무감과 행복감

이 토대가 되어야 한다. 인간의 삶은 안전하고 신뢰 가능한 사회
적 공간 안에서 온전하게 영위될 수 있기 때문이다.

재난의 시대, 신뢰의 힘

고속버스에서 겪은 일이다. 내 좌석 근처에 험상궂게 보이는 남자가 창 쪽을 등받이 삼아 옆의 빈자리에 다리를 쭉 뻗고 앉아 있었다. 내 쪽으로 발이 보여서 조금 거슬렸다. 게다가 그는 큰 목소리로 길게 통화를 했다. 뭐라고 하고 싶었지만 싸움이 날 것 같아서 그냥 참았다. 목적지 도시의 버스 터미널에서 나는 서둘러 내렸다. 하차하자마자 바로 택시가 있어서 재빠르게 올라탔다. 그런데 출발하려는 순간, 어떤 사람이 활짝 웃는 얼굴로 책 한 권을 흔들면서 뛰어왔다. 아까 그 남자였다. 함께 내리면서 내가 의자에 두고 내린 책을 전해주려 한 것이다.

내가 놀란 것은 그의 이미지였다. 그렇게 거칠게 보였던 그의 얼굴이 이제는 해맑은 어린아이의 낯빛이었다. 그가 나에게 베푼 호의 때문에 갑자기 달라 보인 것일까. 그런 면도 있겠지만 그의 가슴에 잠시나마 선한 기운이 가득 스며든 것은 아닐까. 내 책을 발견하고 전달해주기까지 그 짧은 시간 동안, 그에게는 아무런 사심이 없었음이 분명하다. 타인의 곤란을 덜어주고자 하는 순수한 마음뿐이었다. 누군가에게 도움을 주었다는 보람 하나로 그는 매우 즐거웠을 것이다.

누구에게나 그런 마음이 있다. 길을 묻는 이에게 기꺼이 길을 알려주는 것은 인지상정이다. 아무런 대가를 받을 수도 없고, 바라지도 않는다. 자기 덕분에 그 사람이 편안해질 수 있다면 그것으로 족하다. 정보를 제공하거나 능력을 발휘했다는 '자기 효능감,' 보상이 있다면 그러한 존재감의 확인이리라. 곤경에 처한 사람들에게 그 갸륵한 의지는 종종 경쾌하게 발동한다.

이따금 커다란 재난이 일어나면 피해자들을 돕겠다고 나서는 자원봉사자들의 행렬이 길게 이어진다. 이제는 새삼스러운 일이 아니다. 2007년 태안반도 기름 유출 사고 때 우리는 스스로에게 깜짝 놀란 바 있다. 학연, 지연, 혈연의 그물을 드리우면서 저마다 배타적인 이익에만 골몰하는 세상에서 그렇게 광범위한 사회적 연대가 폭발할 줄이야. 이웃의 아픔에 공감하며 온몸으로 그 상처를 치유하려는 긍휼이 바다처럼 출렁이는 모습에서 우리는 인간의 내면에 깃든 신비한 힘을 목격했다.

"오늘 이 사건은 우리의 삶이 얼마나 부서지기 쉬운가fragile를 상기시켜줍니다." 2011년 3월 동일본대지진이 일어났을 때, 미국의 오바마 대통령이 띄운 위로 연설의 마지막 부분에 나온 말이다. 재해는 인간의 연약함을 일깨운다. 문명에 가려져 있던 삶의 본질을 발가벗겨버린다. 그런데 그 적나라한 속살을 어루만지며 손을 잡는 드라마가 펼쳐진다. 결핍을 통해 풍요를 일궈내는 역설이 실현된다.

하지만 언제까지나 이렇게 몸으로 때우는 의례를 반복해야 할
까. 부실과 부패의 소산으로 생겨난 시스템의 결함을 시민들의
맨주먹으로 메우는 데는 근원적 한계가 있다. 재난은 일상화되고
있다. 일본에서는 '재후災後, post-disaster 체제'라는 개념이 등장했는
데, '전후戰後 체제'에 버금가는 패러다임의 전환을 암시한다. 위
험이 중층적으로 상존하는 시대에 성장 일변도의 국가 및 지자체
의 정책 기조는 궤도를 수정해야 하고, 각종 하드웨어와 시스템
이 최악의 사태에 견딜 수 있도록 재정비되어야 한다.

그것은 쉽게 이뤄지지 않는다. 정치인이나 관료들이 알아서 챙
겨줄 것이라고 기대할 수도 없다. 시민들이 자신의 생활 세계를
세심하게 살피면서 그 안위가 확보될 수 있는 방향으로 행정에
압박을 가해야 한다. 그러나 방재는 행정만의 몫이 아니다. 생활
세계는 물리적인 공간만으로 구성되는 것이 아니기 때문이다. 그
에 못지않게 중요한 것이 사회적인 관계망이다. 사람들 사이에
맺어지는 유대의 밀도와 범위가 삶의 안전을 좌우한다. 지난 동
일본대지진 때 일본인들은 깨달았다. 돈은 아무 소용이 없고 의
지할 수 있는 것은 함께 살고 있는 사람들과 지역 공동체의 힘이
라는 것을.

삶의 터전을 소중하게 가꾸려는 공공적 관심과 안목이 바로 설
때 하드웨어와 시스템을 견고하게 유지할 수 있다. 순간 에너지
로 솟구치는 자원봉사의 물결만으로는 한계가 있다. 그 안에 담
겨 있는 숭고한 휴먼웨어, 무상無償으로 수고하면서 무형의 가치

를 생성하는 그 저력이 일상에 뿌리내려야 한다. 그것을 토대로 생활의 자생력과 위기 시의 복원력을 갖춰나가야 한다. 신뢰라는 사회적 자본이 발현되는 마음의 생태계, 그것이 재난의 시대에 요청되는 인프라다.

역사, 오늘을 들여다보는 렌즈

2011년 3월 11일에 발생한 동일본대지진은 일본의 전후 최대 재해로 기록된다. 1만 5,000명 이상의 사망자와 8,000명 이상의 행방불명자가 발생했고, 가까스로 살아남았지만 폐허가 된 마을을 버리고 먼 곳으로 이주한 사람들도 수십만 명이다. 오래전 조상 때부터 삶을 이어온 터전을 잃어버리면 그 상실감이 사뭇 깊을 수밖에 없다. 인간에게는 생물학적 연명만으로는 채울 수 없는 정신적 욕구가 매우 큰데, 타인들과 지속적인 관계를 맺으면서 존재의 뿌리를 확인하는 것도 매우 중요하다. 어느 날 갑자기 엉뚱한 곳으로 이주하여 낯선 사람들과 함께 살아가야 하는 피난민들은 그 점에서 근본적인 결핍이 있다.

그런 이웃들의 상처를 어루만지는 작업의 일환으로, 기억을 회복하도록 돕는 프로젝트가 진행되어왔다. 'Lost and Found Project' (상실과 복구 프로젝트) 또는 'The Project Salvage Memory'(기억을 인양하는 프로젝트)라는 이름으로 추진되는데, 재난의 잔해들 속에서 앨범이나 액자들을 건져내 손상된 사진들을 복원하여 주인을 찾아주는 일이다. 쓰나미에 휩쓸려 간 사진들을 건져 일일이 씻고

화학처리를 하여 최대한 복원한 다음 데이터베이스로 구축해놓으면 당사자들이 검색하여 찾아가는 방식이다. 어느 사진작가의 제안으로 시작된 이 기획에 그동안 1,000명 이상의 자원봉사자들이 참여해 40만 장을 되돌려주었다고 한다.

그 프로젝트를 다룬 다큐멘터리를 보았는데 인상 깊은 장면 하나가 있다. 고향을 떠나 먼 곳으로 피난 와서 살고 있는 어떤 초등학생 소년의 부모가 아이의 어린 시절 앨범을 찾았는데, 그것을 소년의 친구들에게 보여준다. 친구들은 소년의 아기 때 모습을 유심히 살펴보면서 부모들과 대화를 나눈다. 소년은 사진에 담긴 자신의 과거 모습을 통해, 그리고 그것이 친구들에게 공유되면서 정체성과 자존감을 회복해간다. 그렇게 자신의 사진을 되돌려 받은 사람들은 감사한 마음으로 자원봉사자가 되어 이웃의 사진을 찾는 작업에 참여하기도 한다. 사진을 매개로 해서, 해체된 지역사회의 관계가 재생되기 시작한다.

기억은 단지 지난 경험들에 대한 딱딱한 데이터가 아니다. 그것은 과거의 사건이지만 끊임없이 새로운 울림으로 현재에 되살아난다. 마치 자동차의 핸들을 돌리면 백미러에 비치는 풍경이 달라지듯, 삶과 세상에 대한 관점이나 태도를 바꾸면 과거는 전혀 다른 의미로 다가온다. 과거는 불변의 것이 아니다. 역사는 끊임없이 재구성되는 기억이고, 그에 대한 새로운 해석이다. 그것은 곧 현재의 나 또는 우리의 모습을 비춰주는 거울이라고도 할 수 있다. 따라서 역사를 제대로 배우게 되면 지금의 상황이나 거기에 놓여 있는 자신을 좀더 넓은 시선으로 바라볼 수 있다.

그런데 우리는 역사를 너무 고정된 실체로 인식하도록 교육받았다. 단편적인 사건이나 사실들의 암기 위주로 역사를 배우다 보니, 그 흐름과 맥락을 파악하면서 오늘의 현실에 접맥시키는 연습을 하지 못했다. 역사를 새롭게 공부하고 그것을 삶과 세상을 변화시키는 자양분으로 삼기 위해서는 문제의식이 필요하다. 우리가 지금 살아가는 모습이 어떤 경로를 거쳐서 형성되었는가? 거기에는 어떤 힘들이 맞물리거나 부딪쳤는가? 다른 방향으로 나아갈 가능성은 없었는가? 우리가 잃어버린 것 가운데 되찾아야 할 것은 무엇이고, 오랫동안 이어지는 관행 가운데 청산해야 할 것은 무엇인가? 그러한 질문을 가지고 과거를 마주하면 변화의 실마리들을 다양하게 탐색할 수 있다.

사람은 부모보다 시대를 더 닮는다는 말이 있다. 생물학적 유전자보다 그가 성장한 사회적 환경의 영향이 크다는 말이다. 우리의 품성은 역사적으로 형성된 면이 크다. 그것을 알아차리면 자기 자신을 보다 유연하게 받아들일 수 있게 된다. 집단의 성향이나 문화도 마찬가지다. 예를 들어 한국의 조직 문화는 경직되어 있고 권위주의에 찌들어 있다고 평가된다. 위계 서열이 엄격할 뿐 아니라 비합리적인 명령이 통용되고 권력이 남용되면서, 구성원들은 눈치를 보며 줄서기를 하거나 힘겨루기와 편 가르기를 일삼는다. 그것은 한국인들의 유전자적인 운명, 즉 어쩔 수 없는 민족성일까? 그렇지 않다. 그것은 지난 몇백 년 동안의 '짧은'

역사 속에서 형성된 심성이라고 보아야 한다. 유교 문화, 조선조 말기의 정치적 혼란, 식민지 시대, 한국전쟁, 군사정권, 고도성장, 권위주의적인 교육 등 여러 가지 변수들이 맞물려 오늘 우리의 모습이 빚어진 것이다.

그것을 바꿔내려면 역사 속에 숨어 있는 또 다른 문화 유전자들을 찾아내고 의미화해야 한다. 돌아보면 우리 역사의 무대 위에는 사람을 아끼고 서로를 돌보는 드라마가 다채롭게 펼쳐져 왔다. 그러한 미덕은 마을이라는 소규모 공동체 속에서 자주 발현되었다. 기성세대의 기억 속에는 그러한 경험들이 생생하게 남아 있다. 물론 마을이 결코 유토피아는 아니다. 그 안에도 끔찍한 억압과 비인간적인 처사들이 가득했다. 그러나 가난과 고난 속에서 생명을 보살피는 따스함도 굵직한 줄기로 이어져 온 것이 사실이다. 『심청전』의 심봉사가 동네 엄마들의 젖동냥으로 딸을 키우고 아내의 장례도 마을 사람들의 도움으로 치렀다는 이야기는 실제로 흔히 벌어진 일이었다. 그러한 역사의 풍경을 클로즈업하면서 우리의 존재 가능성으로 되살려내야 한다.

우리는 반만년 역사를 내세우면서 자부심을 느낀다. 그러나 생생한 역사라고 할 수 있는 삶의 흔적들을 너무 쉽게 지워버린다. 새로운 것에만 열광하면서, 시간의 무늬가 아로새겨진 장소와 물건 들을 아무렇지 않게 파괴한다. 그래서 삼국시대의 사찰이나 조선시대의 왕궁은 잘 알지만, 조부모 세대가 어떻게 살았는지에 대해서는 막연하다. 역사를 제대로 배우려면, 개인과 집단이 빚어온 시공간을 존중할 줄 알아야 한다. 사진에 담긴 한 장면이 지금 여기의 삶을 새롭게 일깨우듯, 어떤 사건이나 그에 대한 기억이 자아의 정체를 신선하게 환기시킬 수 있다. 민족이나 국가의 거창하고 추상적인 역사와, 나 또는 가족의 소박하고 구체적인 역사가 여러 층위에서 접속될 때 우리는 시간을 창조하는 주인이 될 수 있다.

사회적 치유와 건강 마을

남아프리카공화국은 에이즈와 오랫동안 씨름해왔다. 그 가운데 10대들의 에이즈 예방 프로그램인 '러브라이프'가 주목을 받고 있다. 이 프로그램의 특징은 질병에 대한 정보를 제공하는 것에 그치지 않고, 젊은이들이 멋있다고 여기는 라이프스타일을 창출하는 데 있다. 예를 들어 소녀들에게는 무절제한 성관계에 대해 도덕적으로 나쁘다기보다는, 뭔가 덜떨어지고 후진 행동이라는 느낌을 갖도록 만드는 것이다. 무엇이 자신을 변화시켰느냐는 질문에 그들은 이렇게 대답한다. "삶을 살아가는 새로운 방법에 동질감을 느꼈어요. 나도 삶을 바꾼 내 친구처럼 될 수 있어요."

티나 로젠버그의 『또래압력은 어떻게 세상을 치유하는가』*라는 책에서는 이러한 접근을 가리켜 '사회적 치유 social care'라고 부른다. 1970년에 인도에서 시작된 '포괄적 농촌 건강 프로젝트'도 그 사례 가운데 하나로 평가된다. 여기서는 가장 차별받는 하층

---

 * 티나 로젠버그, 『또래압력은 어떻게 세상을 치유하는가』, 이종호 옮김, 알에이치코리아, 2012.

민 가운데서 '마을 의료 일꾼 village health worker'으로 일할 사람들을 추천받아 교육을 시켜 주민들의 건강을 돌보도록 했다. 외부 전문가와 달리 그들은 잘못된 습속과 미신 등에 대해 잘 알고 있어서 변화의 고리를 잘 찾아낸다. 그리고 그들 가운데 상당수는 이전에 환자였기에 자신의 치유 경험을 이웃들에게 전달하면서 건강에 대한 희망을 북돋아줄 수 있다.

이러한 사례는 우리에게도 시사하는 바가 크다. 대한당뇨병학회에 따르면 현재 한국인의 10퍼센트가 당뇨병에 걸려 있고, 이대로 가면 2030년에는 20퍼센트에 이를 것이라고 한다. 당뇨병은 예방이 중요하다는 것, 식사 조절과 꾸준한 운동이 그 핵심이라는 것을 누구나 잘 안다. 하지만 대부분의 만성질환이 그러하듯 그러한 지침은 생활 속에서 너무 쉽게 무시된다. 건강 수칙이 아무리 훌륭해도, 그리고 사람들이 그것을 아무리 잘 알아도 실천하지 않으면 아무 소용이 없다.

환자의 치료 이행에 대한 웹사이트를 운영하는 시카고 지역의 정신과 의사 앨런 쇼월터는 의사의 일방적인 '지시'는 한계가 분명하다고 말한다. 그 대신 그는 '제휴'를 내세운다. 완벽하지만 무시되는 치료 계획보다는 불완전하지만 이행 가능한 치료 계획을 의사와 환자가 함께 수립해야 한다고 말한다. 그리고 그 이행률을 높이는 데 환자끼리의 소통과 유대가 중요한 것으로 드러나고 있다. 이와 비슷한 인식 아래 영국 정부는 주요 질병별로 환자들이 자신의 치유 경험을 동영상으로 공유하는 스토리텔링 웹사이트를 운영한다. 그것을 통해 동병상련의 마음이 불러일으키는 치유력을 실감하고 있다.

2012년 추진했던 마을 공동체 사업 가운데 '건강 마을'이 있다. 강북구와 성북구에서 모델을 만들었는데, 주민들이 이웃관계를 통해 생활을 변화시켜가는 일들에 힘을 쏟았다. 예를 들어 '건강 카페'라는 공유 공간을 마련해서 일상에서의 교류를 도모할 뿐 아니라, 자신의 신체 상태를 수시로 체크하고 건강에 관련된 학습을 꾸준하게 해나간다. 일정한 시간에 모여 동네를 순회하는 걷기 동아리를 만들어 규칙적으로 운동하는 습관을 함께 익힌다. 또한 동네의 안전을 확보하기 위해서 자율 방범대를 결성해 밤길을 지킨다.

또 한 가지 특기할 만한 활동은 주민들이 가가호호 방문하여 생활 실태를 파악하는 건강조사사업이었다. 이것은 일종의 학습 프로젝트이기도 한데, 이를 진행하는 과정에서 독거노인에게 이웃과의 연결 통로가 열리게 된다. 만성 호흡기 질환에 시달리는 주민의 방에 습기와 통풍 문제가 드러난다. 거동이 불편한 분들이 외출하는 데 장애가 되는 골목의 물리적인 요인들도 함께 밝혀진다. 그러한 자료들을 토대로, 건강한 삶이 깃드는 마을을 만들기 위해서 무엇을 해야 할지를 주민들끼리 토론하고 제안한다.

영국의 환자 스토리텔링 웹사이트는 의과대학의 교육 현장에서도 중요한 교재로 활용된다고 한다. 거기에 깔려 있는 철학은, 의사는 '질병'에 대해서는 전문가지만 '환자'에 대해서는 문외한

이라는 것이다. 환자를 개별화된 치료의 대상으로만 보는 기존의
의료 체계로는 건강을 증진시키는 데 한계가 분명하다. 더 나은
삶에 대한 소망으로 맺어지는 사회적 관계가 웰빙의 튼튼한 토대
가 된다.

타인의 시선 돌아보기

대도시 생활에서 큰 비중을 차지하는 지하철은 낯선 사람들이 함께 이동하는 공간이다. 그 속에서는 사소한 행동 하나가 주변 사람들을 불편하게 할 수 있다. 몇 해 전부터 이따금 도마 위에 오르는 것 가운데 하나가 여성들의 화장이다. 좌석에서 얼굴을 단장하는데, 간단하게 분을 바르고 립스틱을 칠하는 정도를 넘어서는 경우가 있다. 눈썹을 그린다거나 속눈썹을 찝는 모습이 눈에 띄고, 아예 작은 화장대를 펼쳐놓고 파운데이션 크림을 바르기도 하고, 심지어 헤어그루프로 머리카락을 말아 올리는 사람도 있다.

여성들 나름의 사정이 없는 것은 아니다. 과중한 업무와 스트레스에 짓눌리고 만성적인 수면 부족에 시달리는 직장 여성들은 부득이하게 지하철에서 짬을 낼 수밖에 없다. 화장을 하지 않으면 되지 않느냐고 할 수도 있지만 비현실적인 이야기다. 대부분의 직장에서 여성이 민얼굴로 출근한다는 것은 옷을 제대로 갖춰 입지 않은 것만큼이나 성의 없는 태도로 여겨지기 때문이다.

하지만 그런 사정을 감안한다 해도 공공장소에서 요란한 화장을 거리낌 없이 하는 모습에 거부감을 느끼게 되는 것은 어쩔 수 없다. (물론 '쩍벌남'이나 길거리에서 가래침을 탁탁 뱉는 아저씨들에 비할 바는 아니다.) 왜 그럴까. 인간의 모든 행위는 그것을 둘러싼 맥락과 결부되어 의미가 발생한다. 똑같은 몸짓이나 발언이 어떤 상황에서 이뤄지느냐에 따라 전혀 다르게 해석되는 것이다. 가령 해수욕장에서는 수영복이 자연스럽지만, 수영복 차림으로 해수욕장을 벗어나면 문제시된다. 장소에 어울리지 않는 외모나 행동은 불쾌함이나 민망함을 자아내기 마련이다.

그러한 어울림의 감각은 일정한 경계를 중심으로 형성된다. 그 가운데 사적 영역의 경계가 매우 중요하다. 집에서만 할 수 있거나 해야 하는 일들을 집 바깥에서 하면 곤란해진다. 또한 집 안이라고 해도 상황에 따라 공간의 성격이 달라진다. 가족들끼리는 몸가짐을 대충 해도 괜찮지만, 손님이 오면 옷매무새를 가다듬고 조심스럽게 처신한다. 이를 닦거나 머리를 감고 있는데 누군가가 초인종을 누르면 얼른 마무리하고 문을 여는 것이다. 말하자면 '자연적 신체'를 감추고 '사회적 신체'로 자기를 드러내야 한다. 그것이 타인을 대하는 최소한의 예의다.

우리는 안면이 있는 사람 앞에서는 예의를 지키지만, 생면부지의 관계에서는 이를 무시할 때가 많다. 지하철에서 하는 화장이 당황스러운 것은 타인을 의식하지 않는 무심함 때문이다. 빽빽한 인파 속에서 연인들의 적나라한 애정 표현을 접할 때 그러하듯, 주변 사람들은 자신이 투명인간처럼 여겨지고 존중받지 못한다고 느끼게 된다. 공공장소에서는 저마다 점유하고 있는 일정한 영역을 서로 지켜주어야 한다(지하철에서 다른 사람을 뻔히 쳐다보거나 옆 사람의 스마트폰을 들여다보아서는 안 된다). 그러면서도 그 개인적 영역 안에서의 행위는 또한 일정하게 제한될 수밖에 없다.

타인에 대한 그러한 긴장이 적절하게 유지되지 못하는 것은 우리의 일상이 점점 분절되기 때문인지 모른다. 온라인 세계에 몰입하는 시간이 늘어날수록 오프라인 세계에서의 고립은 깊어진다. 전혀 모르는 사람들이 많이 모이는 공간일수록, 무한의 네트워크로 뻗어 있는 개별적 소우주들로 파편화되기 쉽다. 익명의 장소에서 그런 밀실들은 무수히 병렬된다. 그 비가시적인 칸막이에 익숙해지다 보면, 관심이 미치는 범위가 좁아지고 주변 상황에 대한 민감성이 떨어지기 마련이다.

하지만 의외의 장면에서 타인과의 연결이 자연스럽게 이뤄지기도 한다. 지하철에서 목격한 장면이다. 어느 청각 장애인이 휴대전화의 화상 통화를 열어놓고 수화로 상대방과 이야기를 나누기 시작했다. 그런데 한 손으로만 신호를 보내는 것이 불편하게 느껴지자 옆 사람에게 전화기를 잠시 들고 있어 달라고 스스럼없이 부탁했고 그 승객은 기꺼이 응했다. 청각 장애인은 이제 두 손으로 자유롭게 수화를 할 수 있게 되었고, 옆 사람은 전화기를 들어주면서 물끄러미 화면을 함께 지켜보고 있었다.

도시의 품격은 낯선 사람들이 어떤 방식으로 어우러지는가로 가늠될 수 있을 듯하다. 타인의 시선을 의식하면서 자신의 몸가

짐에 주의를 기울이고, 타인의 어떤 행동이 다소 심기를 불편하게 하더라도 그럴 만한 사정이 있겠거니 하면서 너그러운 무관심을 보일 수 있는 마음의 여유가 필요하다. 반면에 이따금 뜻밖의 계기로 모르는 사람들 사이에 즐거운 소통이 이뤄지는 것 또한 도시의 묘미다. 사소한 차이들로 인한 부질없는 혐오와 적대의 감정에 휘말리지 않으려면, 시민 문화의 매력을 함께 만들어가는 감수성이 자라나야 한다.

고향과 좋은 삶

"그 물새 그 동무들 고향에 다 있는데/나는 왜 어이타가 떠나 살게 되었는고/온갖 것 다 뿌리치고 돌아갈까 돌아가/가서 한데 어울려 옛날같이 살고 지고."(가곡 「가고파」에서)

"타향도 정이 들면 정이 들면 고향이라고/〔……〕/아니야 아니야 그것은 거짓말/향수를 달래려고 술이 취해 하는 말이야/아아 타향은 싫어 고향이 좋아."(김상진, 「고향이 좋아」에서)

20세기 한국의 유행가 가운데 고향을 노래한 곡은 헤아릴 수 없을 만큼 많다. 타향살이의 설움과 고달픔을 향수로 달래는 내용이라서 선율이 애틋하거나 목가적이다. 가난하지만 정이 흐르는 가족과 마을, 계절을 따라 다채롭게 변모하는 풍경이 가사에 담겨 있다. 많은 한국인에게 고향은 공동체의 원형, 돌아가고 싶은 삶터로 여겨져 왔다. 김우창 교수는 "고향 그리고 사람이 살아 마땅한 곳은, 대지를 느낄 수 있고 하늘이 보이는 자연 속의 공간"이라고 말한다.*

* 김우창, 「돌아가지 못하는 그러나 돌아가야 할 고향」, 『경향신문』 2015년 1월 2일자.

고향을 회상하는 정서가 널리 공감되어온 배경에는 초고속으로 진행된 도시화가 있다. 해방 당시 100만 명이던 서울 인구가 1988년에 1,000만 명이 되었으니, 4~5년에 100만 명씩 늘어난 셈이다. 산업화를 견인했던 수도 서울의 시민들은 거의 다 고향을 떠나온 사람들이었고, 낯선 도시에서의 생활은 심신의 고단함으로 점철되었다. 고도성장의 열매를 어느 정도 누리기는 했지만, 사람다움을 거부당하거나 스스로 부정해야 하는 일이 빈번했다. 그럴 때마다 고향에 대한 절절한 그리움에 젖어들었으리라.

그런데 우리는 고향을 사랑하는가. 향수鄕愁는 애향심으로 이어지는가. 명절 때마다 '민족 대이동'을 하지만, 지방과 농촌은 점점 황량해지고 있다. 토건의 망령이 국토를 휩쓸면서, 그나마 가까스로 보전되어온 토속의 삶은 곳곳에서 속절없이 무너진다. 시인은 절규한다. "왜 마을은 사라지고 있는가?/왜 무당과 신들은 도망치고 있는가?/왜 비와 바람이 빈집을 때리고 있는가?//까치나 강아지나 바라보며/담배나 빨고 노래나 부르고/늙으면 죽어야지/농반 진반 너스레 떨며/손주 걱정 돼지 걱정으로 소일해야 할/할매와 할아범들이//왜 쇠사슬에 몸을 묶는가?/왜 죽기 살기로 싸우는가?"(심보선, 「왜?」에서)

이러한 현실에서 고향에 대한 그리움은 무엇을 의미할까. 그저 지나간 시절에 대한 상념일 뿐인지도 모른다. 하지만 그런 추억과 낭만이라도 간직하고 사는 것이 다행이라고 해야 할 것이다. 문제는 아랫세대로 내려갈수록 그리워할 고향조차 갖고 있지 않은 이들이 많아진다는 점이다. 많은 도시인들이 '대지를 느낄 수 있고 하늘이 보이는 자연 속의 공간'을 오로지 여행객으로서만 경험한다.

일본에서 시행하고 있는 '고향 납세'는 도시인과 고향의 관계에 대한 전혀 새로운 발상을 일깨워준다. 납세자가 거주지가 아닌 지자체에 기부금을 보내면, 지방세에서 세금을 공제해주는 제도다. 그 지자체가 구상하는 어떤 정책이나 프로젝트를 응원하고자 기부하는 것이다. 예를 들어 숲속에 시민을 위한 휴식 장소를 만든다거나, 외딴섬에 아이들을 위한 작은 도서관을 세우는 일 등이다. 저마다 독특한 사업과 그 취지를 내세우면서 기부금을 모집하는 포털 사이트가 생겨났고, 전국의 지자체들이 갖가지 아이디어로 홍보에 열을 올린다.

부작용도 나타난다. 기부에 대한 보답으로 지역의 특산품을 보내주는 경우가 많은데, 그 답례품을 받으려고 기부하는 이들이 생겨난다. 그리고 '명품'을 생산할 수 있는 지자체와 그렇지 못한 지자체 사이에 격차가 발생한다. 그러나 물질적인 욕망에 현혹되지 않고 진정으로 그 지역에서 '좋은 삶'이 펼쳐지기를 바라는 소망에서 이뤄지는 기부도 적지 않다. 그 비중을 높여가기 위해서, 지자체들은 기부자들이 해당 사업의 의미와 거기에 결부된 스토리를 공유하고 주인 의식을 가질 수 있도록 다양한 참여의 통로를 마련하고 있다.

한국에서도 많은 지자체들이 이 제도를 도입하려고 준비하고 있다. 출신지가 아닌 고장에 관심을 갖고 구체적인 정책이나 사회운동에 물심양면으로 후원할 수 있다면, 지방의 활성화에 새로운 출구가 열릴 듯하다. 완전히 새로운 '지연地緣'을 빚어냄으로써 지방과 농어촌에 기운을 생동시킬 수 있다. 많은 관심을 모으는 귀농이나 귀촌도 그러한 에너지의 자장 속에서 보다 원만하게 이행될 수 있을 것이다. 이제 고향은 그곳에서 태어나 자라난 이들만의 배타적인 공간이 아니다. 자연을 거스르지 않는 삶, 조화로운 공동체를 갈망하는 이들에게 열려 있는 땅이 다음 세대를 위한 고향이 아닐까.

애물단지가 되는 기념비들

몇 해 전부터 몇몇 대학의 교정에 작은 비석들이 계속 들어서고 있다. 교수들의 정년퇴임을 기리면서 식수植樹와 함께 기념비가 세워지는 것이다. 학과 차원에서 또는 제자들이 나서서 추진하는 일이다. 게다가 일부 특수대학원 졸업생들이 학교를 떠나면서 기념으로 나무를 심고 비석을 세우기도 한다. 심지어 총학생회가 자신들이 이룩한 업적을 상세하게 알리는 비석이 큼지막하게 자리 잡고 있기도 하다. 이런 식으로 가면 캠퍼스가 머지않아 크고 작은 비석들로 가득 찰 듯하다.

학교 바깥으로 나오면 또 다른 조형물들을 곳곳에서 마주하게 된다. 서울역 광장 한복판에 오래전부터 세워져 있는 '청소년은 미래의 희망'이라는 글자탑, 아파트의 품격과 가격을 높이기 위해 이름이나 단지명을 새겨서 입구에 세워놓은 표지석, 대로변에 눈에 확 띄게 버티고 서 있는 '바르게 살자'라는 커다란 비석들.*

---

* 현재 전국에 600개 이상 세워져 있고 앞으로 1,000개가 목표라고 한다. 「정윤수의 도시 이미지 읽기—조폭문신이 떠오르는 바르게 살자」, 『주간경향』 2013년 8월 6일자.

급속한 산업화와 성급한 도시 개발의 과정에서 한국의 경관은 심하게 훼손되어왔다. 도시의 건물을 도배하다시피 하는 간판들은 여전히 크고 많고 자극적이다. 길거리 곳곳에 걸어놓은 각종 현수막은 시각 공해의 주범이다. 여기에 비석들까지 가세하면서 풍경의 아노미는 악화 일로에 있다. 다행히 일부 지자체에서 간판의 크기와 색깔과 모양을 규제하기 시작했다. 일률적으로 조치를 취한 티가 나기는 하지만, 예전보다는 낫다. 현수막도 당국이 그런 식으로 의지를 가지면 얼마든지 정비할 수 있을 것이다.

비석은 다르다. 우선 당국이 통제하기에는 법적인 근거가 애매하다. 씌어 있는 문구나 건립의 명분도 시비를 걸기 어렵게 한다. '바르게 살자'는데 누가 뭐라고 하겠는가. 평생 봉직한 교수들의 퇴임을 기념해서 비석 하나 세우는 것에 대해 대학이 어떻게 왈가왈부할 수 있겠는가. 문제는 그 조형물들이 거의 영구적이라는 데 있다. 돌에 새겨진 글씨나 문양은 수천 년의 세월을 충분히 견딘다. 이런 식으로 석조물을 남발해간다면, 몇십 년도 지나지 않아 우리의 생활공간 곳곳은 처치 곤란한 애물단지로 가득 찰 수밖에 없다. 그러니 예를 들어 퇴임 기념의 경우, 식수만 하고 가지에 작은 나무패를 걸어놓는 정도의 디자인이 적절하다고 본다.

조형물은 그 사회 내지 공동체 구성원들의 정신을 표출한다. 그것이 지니는 물질적 항구성은 개개인의 생물학적 한계를 넘어서는 얼을 담보한다. 사람들은 그것을 통해 자신이 속한 집단의 유기체에 감성적으로 접속하면서 유한한 생애의 의미를 찾을 수 있다. 지금 세워지고 있는 비석들에서 그런 문화가 실현되고 있다고 보기는 어렵다. 퇴임 기념비를 경외심을 갖고 바라보는 학생들은 거의 없다. 대학의 규모가 너무 크고 조직이 복잡해져서 학생들은 교수들을 잘 알지 못한다. 학문적 업적이 대학인들의 자부심으로 공유되지 않고, 교육을 통하여 지성이 함양되는 기풍이 점점 희박해져 간다.

'바르게 살자'는 구호는 어떤가. 사람들은 그것을 읽으면서 삶을 돌아보고 마음을 단정하게 가다듬는가. 앞서 각주로 소개한 글에서 정윤수 씨는 그것을 볼 때마다 '차카게 살자'는 문신이 떠오른다고 했다. 나 역시 그 위압적인 도덕주의에 숨이 막히고 상투적인 저열함에 몸이 떨린다. 특정 단체가 자신의 존재감을 과시하기 위해 공공 영역을 점거하는 것에 한 시민으로서 모멸감마저 느낀다. 결국 나랏돈으로 만들어 세우는 것인데, 그 예산 집행의 타당성이 어떻게 확보되었는지도 의문이다.

공공 디자인의 생명은 보편적인 울림에 있다. 기념비는 삶의 역사성을 일깨우면서 자아의 정체성을 고양시킬 수 있어야 한다. 너와 나, 과거와 미래, 보이는 것과 보이지 않는 것을 잇는 상징이어야 한다. 관광지에서 장난삼아 이름을 낙서하듯이 조형물을 남발해서는 안 된다. 이대로 가면 우리는 문화유산 대신 볼썽사나운 짐들만 후손들에게 남겨줄 판이다. 어떤 시대도 이토록 경솔하게 물건과 공간을 다루지 않았다.

한국 사회 | 재난 | 공공성

5

숙면을
위하여

숙면을 위하여

프랑스에서 교환학생으로 있다 온 어느 젊은이가 들려준 이야기다. 유럽은 가게들이 일찍 문을 닫아 밤에는 늘 불편했다. 편의점에 익숙했던 한국인으로서 짜증이 났다. 그래서 어느 프랑스 친구에게 투덜댔다. "이 도시엔 왜 24시간 편의점이 없는 거야?" 프랑스 친구는 되물었다. "24시간 편의점? 그게 왜 있어야 하지?" 한국 학생이 대답했다. "그러면 너희는 밤에 갑자기 뭐가 필요하면 어떻게 하냐?" 프랑스 친구가 다시 물었다. "너는 잠을 자다가도 갑자기 뭐가 필요하냐?"

OECD가 발표한 '2009년 회원국 사회지표'에 따르면, 프랑스인의 하루 평균 수면 시간은 8시간 50분으로 회원국 가운데 가장 길었다. 반면에 한국인은 7시간 50분으로 조사 대상국 중 가장 짧았다. 청소년들의 수면 시간은 더 짧다. 같은 해 통계청이 발표한 '생활시간조사'에 따르면, 한국 청소년의 평일 수면 시간은 중학생 7시간 38분, 고등학생 6시간 31분으로 나타났다.

미국 질병통제예방센터는 2011년, 하루 수면이 8시간 이하인 10대들이 일탈 행동을 저지를 가능성이 높다고 발표한 바 있다.

1만 2,000여 명의 청소년을 대상으로 조사한 연구 결과에 따르면 술과 담배, 특히 마리화나 같은 위험한 행동으로 분류된 11가지 행태 중 10가지에 빠지기 쉽다고 한다. 그런 학생들은 운동을 적게 하고 성적이 떨어졌으며 싸움을 많이 하고 자살에 대한 생각도 더 많이 한다는 것이다. 그 기준을 적용한다면 한국의 청소년들은 거의 다 위험군에 속하는 셈이다.

전기 사용이 보편화된 근대 문명과 함께 밤이 짧아졌지만, 압축 성장을 해온 한국에서는 밤이 더 줄어들었다. 직장인들은 잔업과 야근을 자주 할 뿐 아니라, 각종 회식과 모임 등으로 밤늦게까지 귀가하지 못한다. 형형색색 네온사인의 불야성은 한국 도시의 전형적인 야경이다. 디오니소스적 욕망으로 결속하려는 정서가 한국인에게 강한 듯하다. 영국인 기자 마이클 브린은 『한국인을 말한다』라는 책에서 이렇게 썼다. "한국인들은 서양인들보다 더 사교적이다. 그들은 다른 사람들과 어울리는 시간이 많아 책 읽는 시간이 많지 않으며 혼자 있을 때는 금방 잠들어버리곤 한다. 〔……〕 그들은 정해진 취침 시간이 따로 없다. 그래서 밤이 깊도록 이야기를 나누다 바닥에서 아무렇게나 쓰러져 잠을 잔 뒤 다음 날 아침 일찍 일어나 일하러 나간다."*

그런데 이것은 IMF 금융 위기 이전의 상황이다. 이제는 다른 사람들과 어울리고 사귀느라 잠을 줄이는 경우가 드문 것 같다.

---

* 마이클 브린, 『한국인을 말한다』, 김기만 옮김, 홍익출판사, 1999, 76쪽.

그 대신 경제가 어려워지면서 초과근무가 일상화되고, 밤늦게 퇴근하는 고객들을 겨냥해 대형매장은 영업시간을 연장한다. 미래를 불안하게 느끼는 부모들의 압박으로 아이들의 학원 수업과 공부 시간은 점점 더 늘어난다. 다른 한편으로 미디어가 발달하면서 드라마, 채팅, 인터넷 게임 등으로 밤을 지새우는 젊은이들이 늘어난다. 이래저래 한국은 만성적 수면 부족 사회다. 그 결과 뇌 기능과 면역력이 떨어지고, 정서 불안과 우울증이 늘어나며, 졸음운전과 같은 안전사고의 위험이 곳곳에 도사린다.

대형마트와 기업형슈퍼마켓SSM의 영업시간을 제한하고 의무 휴무일을 지정한 '유통산업발전법 개정안'이 여러 지자체에서 발의되어왔다. 중소상인을 보호하기 위해 추진되는 것이지만, 삶의 질을 새삼 되짚어보는 계기가 될 수도 있겠다. 고단한 몸과 몽롱한 정신이 늘어나면서 사회는 난폭해지고 경제도 허약해진다. 생활이 지속 가능하려면, 우선 인간의 생물학적인 한계를 받아들여야 한다. 그리고 과로와 과소비로 지탱해온 불면不眠의 성장 모델 대신, 심신의 기운으로 가치를 창출하는 숙면熟眠의 생활양식을 모색해야 한다.

오늘 밤, 어린아이부터 노인에 이르기까지 많은 사람들이 낙오에 대한 두려움 또는 생계에 대한 근심으로 잠을 설칠 것이다. 뜨겁게 달아오르는 정치는 그 괴로움을 풀어줄 수 있을까. '밤새 안녕하셨습니까?' 한국인의 오랜 인사말이다. 국민들의 편안한 잠을 보장하는 것, 복지국가의 원점이다.

노동은 존엄해질 수 있는가

서울의 수서역과 평택의 지제역을 연결하는 수도권 고속철도 율현터널이 3년 5개월의 공사 끝에 2015년 6월 개통되었다. 길이가 50.3킬로미터로 국내에서 가장 긴 터널인 만큼 준공식도 비교적 성대하게 치러졌고 국토교통부 장관 등 100여 명의 내빈이 참석했다. 그런데 그 행사장에 정작 그동안 작업해온 일선 인부들은 보이지 않았다. 『조선일보』 6월 29일자 보도에 따르면 "전날 밤 퇴근할 때 현장사무소에서 '장관님을 비롯해 높으신 분들이 오시니 내일 오전엔 출근하지 말고 현장 주변에 얼씬거리지도 말라'고 했다"고 한다.

인간은 자신의 존재 가치를 추구한다. 많은 경우 그것은 타인과의 관계 속에서 확인된다. 우리는 누군가로부터 칭찬을 듣거나 은연중에 선망의 시선을 받으면서 행복감을 느낀다. 문제는 타인의 비천함을 애써 드러내면서 자신의 존귀함을 나타내는 경우다. 열등하다고 여겨지는 부류의 인간이 있어야 비로소 자아 정체성이 가까스로 확인되는 것이다. 마음이 부실하고 삶이 빈곤할수록 구별 짓기에 매달린다. 내면이 허약한 사람들이 권력과 지위를 갖게 될 때, 그 힘을 남용하는 과정에서 수많은 사람들을 무력하게 만들어버린다.

그런 역학이 작동하는 배경에는 사회적으로 널리 공유되는 신분 관념이 있다. 신분 제도가 오래전에 사라졌지만, 여러 가지 기준으로 사람들을 위아래로 나누는 서열 의식이 여전히 남아 있는 것이다. 직업의 귀천을 구별하는 가치관도 거기에 맞물려 있는데, 이는 육체노동의 극심한 비하로 나타난다. 예를 들어 고등학교 교과서에는 단순노무직이나 판매직, 농어업 종사자들에 대해 부정적 묘사가 많고, 심지어 무거운 짐을 지고 있는 사람의 그림과 함께 "중학교밖에 못 나왔으니 이런 일밖에 못하네"라는 문장이 붙어 있다. 또한 경찰청이 만든 수배 전단에는 범죄자의 인상착의가 '노동자 풍'이라고 버젓이 씌어 있다.

직업과 재산을 기준으로 인간의 격格을 매기는 의식구조는 한국의 급속한 경제 성장에 어느 정도 기여했다고 볼 수 있다. 절대빈곤으로부터 탈출하려는 의지만이 아니라, 사람대접 좀 받고 싶다는 열망이 악착같이 공부하고 일하는 동기가 되었기 때문이다. 생존투쟁과 인정투쟁이 동전의 앞뒤로 맞물려 있었던 셈이다. 맹렬한 성취의욕은 상당 부분 결실로 이어졌다. 하지만 저성장 시대에 접어들어 전체적인 부富의 증식이 멈춰버린 상황에서는 득보다 실이 더 많다. 자존감의 획득이 제로섬 게임으로 되어버리기 때문이다. 아니 그 이상인지 모른다. 나의 자부심을 위해서 여러 사람들이 모멸감을 맛보아야 하는 것이 아닌가.

경제적인 상승 이동이 점점 더 어려워지고 있다. 모든 영역이 공급 과잉 상태고, 지구 생태계의 여건상 에너지와 자원의 소비도 억제해야 하는 형편이다. 이제 일의 목적과 의미를 다르게 배치해야 한다. 오로지 돈벌이의 수단이기만 한 것이 아니라 그 자체로 즐거움의 원천이 될 수 있도록 변환해가는 것이다. 그를 위해서는 우선 노동을 통해 인간적인 생활이 가능하도록 기본 소득이 보장되어야 한다. 아울러 일을 통해서 성취감을 느낄 수 있어야 하는데, 그것은 다른 사람들로부터 받는 존중과 깊은 관련이 있다. 노동에 대한 사회적 피드백이 원활하게 이뤄져야 하고, 더욱 근본적으로 노동의 맥락을 새롭게 설정하는 작업이 요구된다.

오스트리아의 화가이자 건축가인 프리덴스라이히 훈데르트바서Friedensreich Hundertwasser의 시도는 한 가지 사례로 언급된다. 그는 자신이 설계한 건축물을 지을 때, 노동자들에게 단순히 시키는 대로 일하지 말고 디자인의 공동 주체로 참여해달라고 제안하였다. 그는 진짜 문맹은 창조하지 못하는 것이라고 말했다. 창조성은 자기의 일을 귀하게 여길 때 발현된다. 그래서 훈데르트바서는 일터로 노동자들의 가족을 초대해서 둘러보도록 했다. 과업 지시에 수동적으로 따르는 것이 아니라 스스로 일의 주인이 되는 모습을 보여주기 바랐다.

공사장 인부에게 무엇을 하고 있느냐는 질문에 어떤 이는 그냥 벽돌을 쌓고 있다고, 어떤 이는 돈벌이를 하고 있다고, 그리고 어떤 이는 성당을 건축하는 중이라고 대답한다는 비유가 있다. 똑

같은 일을 하면서도 거기에서 얻는 보람은 전혀 다를 것이다. 그런데 그 의의는 당사자의 행복감에서 그치지 않는다. 일에 대한 정성은 곧 그 결과물의 질로 직결된다. 완공된 지 얼마 지나지 않았는데 보도블록의 곳곳이 꺼지고 건물의 벽과 바닥에 균열이 생기는 것을 흔히 목격한다. 그런 부실함으로 인해 치르는 대가는 적지 않다.

인간은 무엇인가에 최선을 기울여 완성을 하는 데서 기쁨을 느낀다. 그러한 제작 본능과 장인 정신을 방해하는 요인들이 우리 사회엔 너무 많다. 노동자를 천민 취급하는 풍조도 그 가운데 하나다. 터널의 준공식에 인부들을 접근 금지시키는 발상은 천박한 권위주의의 병적 징후다. 우리는 그 비루한 근성을 떨쳐낼 수 있는가. 노동은 존엄해질 수 있는가.

소비자의 권력, 노동자의 권리

서울에 버스전용차로가 늘어나면서 버스의 정시성定時性은 점점 높아지고 있다. 도착예정시간도 정류장 전광판에 1분 단위로 안내되며, 스마트폰으로는 1초 단위로 확인된다. 시스템이 그만큼 합리화된 것이다. 기사들의 자세도 크게 달라졌다. 넥타이 차림으로 승객들에게 인사를 건넨다. 무정차 통과는 엄두도 내지 못한다. 정밀한 모니터링 장치를 통해 기사들의 노동은 승객들의 편의를 최대한 보장하는 방향에서 관리되고 통제된다.

'고객 중심'은 거스를 수 없는 추세다. 서비스산업의 경쟁이 치열해지면서 업체들은 소비자를 끌기 위해 몸부림친다. 점원들은 깍듯한 자세로 손님을 맞아야 하고, 야간 생활이 늘어나는 것에 맞춰 심야 영업을 한다. 다른 한편, 지방자치제 출범 이후 '행정도 서비스'라는 구호 아래 공무원들은 엄청나게 친절해졌다. 관존민비의 체질이 완전히 바뀐 것은 아니지만, 시민들이 체감하는 행정의 인터페이스는 확실히 부드러워졌다. 공무원들은 인터넷 게시판에 오르는 '민원'에 바짝 긴장한다.

공급자가 수요자를 중심으로 처신하는 것은 바람직하다. 그러나 좀더 세밀하게 들여다보면, 그 과정에서 고달파지는 것은 노동자들이다. 고객의 환심을 사거나 불만을 누그러뜨리기 위해 자신의 감정을 조작하거나 억눌러야 하는 '감정 노동'의 강도가 한국은 유난히 높다고 평가된다. 젊은이들이 백화점 주차장에 서서 승용차를 타고 들어오는 고객들에게 고개 숙여 인사하는 모습도 외국에서는 찾아보기 어렵다. 백화점과 대형마트와 면세점 등의 연장 영업으로 종업원들의 건강권과 휴식권이 위협받는다.

소비자와 유권자의 권리는 노동자와 공무원에 대한 권력으로 작동한다. 그러나 그 힘은 말단의 직원을 압박하는 것이 아니라, 불합리한 시스템을 시정하고 자본과 권력의 횡포를 견제하는 방향으로 움직여야 한다. 그것을 소홀히 하면서 눈앞에 보이는 노동자의 고분고분한 태도만 요구한다면 사회의 진보는 요원하다. 재화와 서비스를 직접 생산하고 전달하는 이들(영세 자영업자 포함)에 대해서 소비자들은 관대해질 필요가 있다. 상대방이 겪는 고충을 섬세하게 헤아려야 한다.

다행히 우리에게는 인지상정이 남아 있다. 음식점에서 종업원들이 퇴근할 시간이 되었다며 양해를 구할 때 대부분의 손님들은 너그럽게 자리를 털고 일어선다. 시내버스에서도 그렇다. 출근 시간이 빡빡해도 운전기사의 생리적인 욕구 해결을 나무라는 승객들은 없다. 물론 배차 간격이나 운행 시간을 조정하는 등 기사들의 근무 구조를 조정하는 식으로 근본적인 해결책을 강구하는 것이 필요하다.

그러나 노동자의 기본권이 노사관계와 제도만으로는 보장되지 않는다. 소비자와의 관계도 중요하다. 그것이 오로지 돈을 매개로 한 수단적 관계라면, 노동자는 도구로 전락하게 된다. 소비자는 자신의 합리적인 권리를 주장하면서도, 노동자의 인간적인 권리를 배려할 줄 알아야 한다. 그것은 곧 자기 자신을 위한 것이기도 하다. 노동자와 소비자가 따로 있지 않기 때문이다.

서울의 평일 아침 도로는 자동차들로 가득 찬다. 사람들의 마음도 바쁘다. 나는 시내버스로 출근하는데, 그렇지 않아도 빠듯한 이동 시간이 운전기사의 개인 용무 때문에 지체될 때가 종종 있다. 동네의 한 정류장에 버스를 정차해놓고 잠시 화장실을 다녀오는 것이다. 어림잡아 네다섯 번 승차에 한 번 정도 그런 상황에 놓이게 된다. 기사가 볼일을 보고 오는 동안 승객들은 1~2분가량을 기다리는데, 출근길에 그 시간은 꽤 길게 느껴진다. 하지만 불평하는 승객은 거의 없다. 시골버스에서나 봄 직한 광경을 대도시에서 접할 때마다 여러 생각과 느낌이 스친다.

기사님이 잠깐 자리를 비운 동안, 멈춰 선 버스 안에서 나는 잠시 시간에 쉼표를 찍어본다. 무엇 때문에 우리는 매일 이렇게 허겁지겁 달려가는가. 묵묵하게 기다리는 승객들도 잠시 마음의 속도를 내려놓는 듯하다. 황급하게 운전석으로 돌아오면서 승객들에게 사과의 말을 전하는 기사, 그분의 사정을 담담하게 배려하는 시민들에게서 나는 하루를 살아갈 힘을 얻는다.

경비원은 필요하다

내가 사는 아파트에서 종종 마주치는 풍경이 있다. 경비실 앞에 의자 두 개가 놓여 있는데, 주민 할머니 한 분이 거기에 앉아 경비원과 이런저런 이야기를 나누는 모습이다. 스티로폼 상자에 흙을 담아 고추와 상추를 심어놓고, 그것을 함께 돌보기도 했다. 아흔이 훌쩍 넘어 보이는 노인은 자식뻘 되는 경비원과 그렇게 도란도란 시간을 보내곤 했다. 그 경비원이 없었다면 집 안에서 텔레비전 시청으로 소일했을지도 모른다.

또 다른 경비원이 떠오른다. 그분은 취미로 이런저런 나무와 꽃을 재배하는 식물의 달인이었다. 주민들이 집에서 키우다가 내놓은 화분들을 떠맡아 손질했는데, 대개 얼마 지나지 않아 건강하게 되살아났다. 틈만 나면 팔을 걷어붙이고 분갈이를 하던 그 경비원의 표정에는 늘 활력이 넘쳤다. 나무들이 제법 울창한 그 경비실 옆을 지날 때면 초록빛 그늘을 잠시 누릴 수 있었다.

얼마 전엔 이런 일도 있었다. 아침에 집을 나서는데 경비원 아저씨가 저만치서 싱글벙글한 얼굴로 나를 맞아주었다. 무슨 좋은 일이라도 있냐고 여쭈었더니, 그날 아침 고전음악 방송 프로그램에 아파트 주민들과 함께 듣고 싶다며 음악을 신청했는데 곧바로 들려주었다는 것이다. 경비실에 언제나 음악을 틀어놓으시는 그분은 오가는 사람들에게 스스럼없이 말을 건네고, 특히 음악을 좋아하는 주민들과 금방 친해진다.

주민들에게 그렇게 가외의 즐거움을 선사하는 경비원의 모습은 점점 줄어들고 있다. 사회 전반적으로 여유가 없어서도 그렇겠지만 근무 여건이 빡빡해지는 탓도 있는 듯하다. 최근 경비원 대신 CCTV나 비밀번호 자동문 등 첨단 경비 시스템을 설치하는 아파트가 늘어나고 있다. 관련 법규가 바뀌어 아파트 경비원에게 최저임금제를 보장해주어야 하는 상황에서, 관리 비용을 줄이려 경비 인력을 최소화하는 것이다. 이에 어떤 아파트의 경비원들은 임금을 적게 받아도 좋으니 계속 일을 하고 싶다면서 월급 동결 서명운동을 벌이기도 했다.

아파트 경비원은 퇴직한 남성들이 택하는 직종 가운데 하나다. 현재 90퍼센트 정도가 60세 이상의 고령자다. 이틀에 한 번 밤을 새워야 하고, 주차장 정리와 쓰레기 분리수거도 거들어야 하며, 택배 등 우편물을 보관해주어야 하는 등 여러 가지 고단한 업무를 떠맡는다. 그에 비해 임금은 매우 낮고, 언제든 계약이 해지될 수 있어 신분도 불안정하다. 그래서인지 주민들도 다소 비하하는 시선으로 대하기 일쑤다. 2014년 압구정동 어느 아파트에서 일어난 경비원 모욕과 그로 인한 자살은 그 극단적인 상황의 결말이었다.

아파트 경비원은 많은 주민들과 여러 가지 일로 만나게 된다. 그런데 그 접촉은 대개 매우 단편적이고 일회적인 경우가 대부분이다. 기능적으로 주어진 역할에 머물러 있고 주민들도 그 이상을 기대하지 않는다. 주거 생활에 지장이 없도록 허드렛일들을 기계적으로 수행하면 그뿐이다. 따라서 더 낮은 비용으로 그런 일들을 해결할 수 있다면 언제든 다른 시스템으로 대체되기 쉽다. 전형적인 갑을관계인 셈이다.

아파트 경비는 단순한 육체노동인가. 그렇지 않다. 마음이 업무의 질을 좌우하는 서비스업이기도 하다. 안전한 생활 세계가 점점 중요해지는 지금, 기계 시스템만으로 공간을 관리하는 것은 한계가 있다. 사람이 직접 상황을 판단하고 신속하게 조치를 취해야 하는 일들이 많기 때문이다. 무인 시스템으로 운영하는 부산의 어느 아파트에서 만취한 노인이 밤에 출입구 계단에서 넘어졌는데, 방치되어 있다가 뒤늦게 배달원에게 발견되어 병원으로 옮겨졌지만 결국 사망한 일이 있었다.

경비원의 일은 그 외에도 여러 가지가 있을 수 있다. 할머니의 말벗이 되어준 경비원처럼 주민들과 지속적인 관계를 맺으면서 이웃의 역할을 해주거나, 정원사 경비원처럼 공유 공간을 보다 매력적이고 쾌적하게 가꿔가는 데 한몫을 할 수 있다. 이러한 일들은 업무가 아니라 즐거운 삶의 나눔이어야 한다. 일에서 보람을 찾고 자신이 존중받는다고 느낄 때, 경비원은 주민들에게 쾌적함과 흐뭇함을 선사해줄 수 있다. 그것은 일차적으로 주민의 태도에 달려 있다. 오가면서 반갑게 인사를 건네는 것, 자녀들에게 그 '동네 어른'에 대한 예절을 갖추도록 훈육하는 것, 그분들의 크고 작은 수고를 당연시하지 않고 고마움을 표시하는 것……이런 작은 것부터 실천하자.

고령자를 위한 새로운 일자리를 창출하는 일이 절실한 마당에, 그나마 괜찮은 일터를 없애는 일에는 신중을 기해야 한다. 우선 아파트 관리비를 전체적으로 점검하면서 조정하는 방안을 찾아보자. 예를 들어 건물의 화려한 야간 조명에 들어가는 전기료 등은 얼마든지 줄이거나 없앨 수 있다. 그리고 입주자들이 관리비 내역을 보다 투명하게 감시하면서 불필요한 경비나 부정 지출 등을 크게 줄인 사례들이 많다. 아파트 민주주의의 실현을 통해 관리의 재정적 기반을 리모델링할 수 있는 것이다. 그리고 정부도 고용 유지 지원금 같은 대책을 강구할 만하다.

경제적인 계산을 넘어 사회적인 의미를 발견할 때 해결책과 합의의 폭이 넓어진다. 아파트 경비원은 단순노동 이상의 역할이 가능하다. 아파트의 질을 높이는 데 경비원들이 어떻게 기여할 수 있을까. 고령자들이 자신의 경험과 지혜를 살리면서 살기 좋은 주거 공간을 만들어가는 일거리들을 찾아보자. 하드웨어에서 소프트웨어와 휴먼웨어로 패러다임이 전환하는 시대, 아파트 경비원은 무형의 가치를 창출하는 서비스업으로 새롭게 디자인될 수 있다.

급증하는 노인 운전 사고

고령화에 수반되는 사회문제 가운데 하나가 교통사고다. 보행 중에 피해를 입는 것이 주를 이루지만, 운전하면서 가해자가 되는 경우도 꾸준히 증가한다. 최근의 추세를 보면, 전체 교통사고 횟수는 거의 변화가 없는데 노인 운전자들이 일으키는 사고가 매년 13퍼센트씩 늘어나고 있다고 한다. 그나마 아직은 노인들이 운전을 많이 하지 않는 편이다. 마이카 시대를 살아온 베이비 붐 세대가 노인이 되는 2020년대가 되면 상황이 훨씬 심각해질 것이다.

노화는 신체의 제반 기능을 퇴화시킨다. 우선 시각의 문제가 생긴다. 밤눈이 어두워져 야간 운전이 위험하다. 그리고 유효 시야가 좁아진다. 정면을 바라볼 때 젊은이들이 90도 정도의 범위를 인지하는데, 65세가 넘으면 60도로 줄어든다고 한다. 가까이에 있는 사물이나 사람도 조금 옆으로 벗어나 있으면 못 볼 수 있는 것이다. 신체의 둔화는 반응 동작에서 더욱 두드러진다. 특히 여러 대상을 한꺼번에 보면서 판단해야 할 때 갈피를 잡지 못한다. 그래서 교차로에서 더욱 위험하다.

사고를 많이 내는 노인 운전자들의 뇌를 촬영하면 '백질변성白質變性'이라는 증세가 나타나는데, 뇌의 혈류 가운데 일부가 나빠지는 것을 가리킨다. (그 증세가 심해지면 치매가 되기도 한다.) 그렇게 되면 정보 전달 시스템에 오류가 생기기 쉽다고 한다. 시각 신호들을 신속하게 처리하지 못하고, 제어 동작에서 장애가 생길 수 있다. 보행자가 갑자기 나타나거나 위험한 상황에 맞닥뜨렸을 때, 브레이크 대신 액셀러레이터를 밟는 바람에 대형 사고를 빚기도 한다.

어떻게 해야 할까. 일본에서는 노인 운전자들에게 인지 지각 검사를 통해 자신의 운전 습관 가운데 취약한 점을 자각하고 유념하도록 한다. 또 어느 지역에서는 65세가 넘으면 운전면허증을 자발적으로 반납하도록 캠페인을 벌이기도 한다. 동참하는 노인들에게는 택시 요금이나 일부 상품의 가격을 할인해주거나 슈퍼마켓이나 편의점에서 구입한 물건을 무료로 배달해주는 등의 특전을 제공한다. 장보기 때문에 불가피하게 운전을 하는 경우가 많기 때문이다. 그러나 반납률은 매우 낮은 실정이다.

한국에서도 면허 반납이 제안되었지만 노인들의 반발로 추진하지 못했다. 이동권의 제약이고 나이 차별이라는 비판이 쏟아졌다. 자동차는 신체의 노쇠를 보완하면서 자립을 도와주는 훌륭한 도구다. 권태와 무기력에 빠지기 쉬운 일상에서 자유로운 드라이브는 심신의 활력을 높이는 데 큰 도움이 될 것이다. 그렇지 않아도 거동이 불편해지는데 운전까지 제한하면 생활이 위축되고 자존감이 훼손될 수 있다.

그러나 보행과 달리 운전은 권리만이 아니라 책임의 문제가 따르는 행위다. 걷다가 넘어지면 본인만 다치지만, 운전 중 실수는 막대한 피해를 일으키기 때문이다. 노인 운전자 사고가 지금처럼 계속 늘어간다면, 면허증의 시한을 설정하는 방안에 대해 사회적인 논의가 필요하다. 그러나 강제로 회수하기는 어려울 것이고, 자발적으로 반납하도록 유도하거나 적성검사의 주기를 단축하는 것이 현실적인 방안이 될 듯하다.

여기에서 중요한 것은 자신의 신체 상태를 냉정하게 인식하고 한계를 받아들이는 태도다. 과거 사회에서 노인은 생애의 경륜과 지혜를 가지고 노동과 제반 일상사에서 신중함과 능란함을 발휘했다. 반면에 변화가 빠르고 복잡한 사물과 정보 들을 다루는 현대사회에서는 노인들이 오히려 미숙하고 뒤처지기 일쑤다. 그러면서도 그런 처지를 인정하고 싶지 않은 것이 노인들의 정서다. 하지만 기분만 따르면서 신체를 과신하는 것은 개인적·사회적 불행의 씨앗이 된다. 운전대를 놓는 것은 자랑스러운 일이 될 수 있다.

그를 위해서는 생활환경이 바뀌어야 한다. 대중교통의 이용에 따르는 불편과 위험을 줄여야 한다. 시내버스의 경우 노인이 타고 내리기 쉽도록 운전이 부드러워져야 한다. 그리고 먼 곳까지 나가지 않아도 근린 지역에서 생활의 제반 필요가 충족될 수 있도록 지역의 얼개가 짜여야 한다. 노인 친화적인 일상 세계의 디자인은 궁극적으로 맹목적인 스피드 숭배에 제동을 거는 일이다. 느림이 존중되는 사회에서 생명은 안전해질 수 있다.

파국의 묵시록

우디 앨런의 영화 「환상의 그대」는 네 명의 남녀가 겪는 좌충우돌을 통해 인생의 부질없는 욕망을 그려내고 있다. 그 가운데 로이는 의과대학을 졸업했지만 의사의 길을 포기하고 아내의 벌이에 의지하면서 글쓰기에만 매달려온 무명작가다. 자신의 모든 역량을 투여한 작품을 몇몇 출판사에 보내고 연락을 기다리는데, 친구 톰이 자기도 소설을 써보았다면서 평을 부탁해온다. 로이는 깜짝 놀란다. 너무 훌륭하기 때문이다. 반면에 자신의 원고는 모든 출판사로부터 거절당한다.

실의에 빠져 있을 때, 한 친구로부터 전화가 온다. 톰이 다른 동료들과 함께 차를 타고 가다가 사고로 죽었다는 것이다. 충격도 잠시, 로이는 대담한 범행에 나선다. 톰의 집에 잠입해 습작 원고를 훔쳐다가 자기 이름으로 출판한 것이다. 대박이 나고, 로이는 하루아침에 유명 작가로 등극한다. 그런데 기세등등하게 친구들 앞에 나타난 로이는 거기에서 청천벽력 같은 말을 듣는다. 죽은 이는 다른 친구였고 톰은 혼수상태에 빠져 있다고 한다. 처음 소식을 전해준 친구가 너무 다급했던 나머지 이름을 뒤바꿔 말한 것이다.

넋이 나간 로이는 친구들에게 이끌려 병원을 찾는다. 친구들은 혹시나 하는 마음에 톰에게 말을 건네면서 손가락을 움직여보라고 한다. 놀랍게도 톰은 반응을 보인다. 지켜보던 이들이 환호성을 지른다. 의식이 돌아오기 시작한 것이다. 친구들은 로이에게 그의 소설이 대박을 터뜨렸다는 소식을 톰에게도 전하라고 재촉한다. 그는 차마 입을 열지 못하고, 얼빠진 모습으로 입원실을 빠져나온다.

파국은 대개 여러 가지 사태들이 맞물리면서 일어난다. 그 가운데 한 가지만 달랐어도 무사할 수 있었다. 로이의 경우를 보자. 그의 소설이 출간되어 호응을 얻었다면, 또는 출판이 좌절되었을 때 작가의 꿈을 깨끗이 접었다면, 톰이 그에게 미발표 원고를 보여주지 않았다면, 톰이 사고를 당하지 않았다면, 친구가 사고 소식을 전할 때 이름을 헷갈리지 않았다면, 음흉한 상상을 실행에 옮기지 않았다면, 범행 과정에서 발각되었다면, 톰의 작품도 출판사에서 거절당했다면, 그리고 톰이 식물인간으로 있다가 죽어버렸다면, 로이는 파멸의 늪으로 치닫지 않았을 것이다.

여기에서 결정적인 것은 탐욕이다. 매사가 그러하다. 일본의 원전 사고를 보자. 지진과 쓰나미는 불가항력의 재난이었다. 그런데 원전이 멎었을 때 자산의 손실을 염려해 우물쭈물하다가 대응 시기를 놓친 것, 늑장 보고와 정보 은폐로 국민들의 불안을 키운 것 등은 온전히 사람의 오류다. 지식이나 기술의 한계로 인해

226

어쩔 수 없이 당한 재난은 책임자를 비난하기 어렵다. 반면에 사리사욕에 눈이 멀어 자료를 왜곡했거나 태만을 부렸을 경우 화살은 관련 전문가나 담당자에게 돌아간다. 천재天災는 사람들을 결속시키지만, 인재人災는 갈등을 일으킨다.

한국은 지진 같은 대형 재해의 위험이 적은 편이다. 하지만 우리는 그 천혜의 금수강산을 마구잡이로 겁탈하면서 섬뜩한 재앙을 자초한다. 속도전으로 밀어붙인 4대강 사업의 부작용이 점점 선명하게 드러나고 있다. 궤멸된 생태계가 앞으로 인간과 문명에 어떤 반작용을 가해올지 아무도 모른다. 수자원학회는 2010년 4대강 사업에 관여한 회원들에 대한 향후 책임 문제를 내부에서 심각하게 논의한 바 있다고 한다. 상황이 걷잡을 수 없게 돌아가면 정치인, 관료, 전문가 그리고 몇몇 언론사들은 오리발을 내밀며 서로 네 탓하기에 급급할 것이다.

로이의 이야기와 일본의 원전 사고는 언제든 일어날 수 있는 파국의 묵시록이다. 지금 눈에 보이는 현실의 이면에서 전혀 예기치 못한 사태들이 기다리고 있을 수 있다. 그러나 지진처럼 완전히 예측 불가능한 것은 많지 않다. 재난의 상당 부분은 사람의 빗나간 욕심에 깊숙하게 닿아 있기 때문이다. 우리는 그 사필귀정의 말로를 애써 외면하거나 은폐할 뿐이다. 그러나 시간은 무섭다. 영화 속에서 혼수상태에 있던 톰의 의식이 되돌아오듯, 강물은 깨어난다. 산하는 살아 움직인다. 인간의 탐욕을 증언한다.

의심과 신념

아리스토텔레스는 기원전 4세기에 어느 논문에서 여성의 치아 개수가 남성보다 적다고 썼다. 이데아에 매달린 플라톤과 대조적으로 감각적 인식을 복권시키면서 서양 과학의 토대를 놓았다고 평가되는 그 위대한 철학자가 남녀의 치아 개수가 다르다고 주장했다는 점이 흥미롭다. 어쩌면 당시에 여성들의 영양 상태나 치아 관리가 부실해서 치아가 더 많이 빠졌을지도 모른다. 그러나 객관성을 중시하는 학자라면 제대로 조사했어야 하지 않을까.

그런데 더욱 놀라운 것은 서양에서 그의 견해가 거의 2,000년 동안 그대로 받아들여졌다는 점이다. 16세기 중엽 안드레아스 베살리우스의 『인체의 구조에 관하여』에서 그 오류가 지적되기까지, 직접 치아를 세어볼 생각을 아무도 하지 않았다. 그냥 입만 벌려서 확인해보면 곧바로 판명되었을 텐데, 그 오랜 세월 동안 모두가 아리스토텔레스의 오류에 갇혀 있었다. 마치 천체망원경으로 별들을 정밀하게 관찰하지 않고 수평선 너머로 항해를 나서지 못하면서 천동설만 굳게 믿고 있었던 것처럼.

근대 과학은 중세까지 이어져 온 무지의 굴레를 거세게 허물어뜨렸다. 지난 2, 3세기 동안 인류는 자신과 만물에 대한 놀라운 지식을 획득해왔다. 그 덕분에 생활은 날로 편리해지고 신체적 제약과 물리적 한계는 빠르게 극복되고 있다. 그런데 이토록 '멋진 신세계'에서 우리의 의식도 함께 향상되고 있는가. 우리는 충분히 이성적으로 판단하고 행동하는가. 그렇지 않은 듯하다. 현대인들이 소비나 투자 등의 경제행위에서 합리적으로 자기 이익을 좇기보다는 마음의 습관이나 집단적 충동에 더 지배를 받는다는 것을 행동경제학이 설득력 있게 증명한다. 사람이나 집단들 사이의 대립도 명료한 의견보다는 맹목적인 감정의 충돌인 경우가 많다.

지식의 증가가 인간을 몽매로부터 구원해주지는 못한다. 일찍이 아인슈타인은 "이 세상에 무한한 것은 우주와 인간의 어리석음 두 가지밖에 없다"고 했는데, 첨단 과학이 아무리 발달한다 해도 그 통찰은 수정되기 어려울 듯하다. 자신의 선입견을 강화하는 방향으로 대상을 지각하는 '확증 편향'은 여전하다. 우리는 실체와 본질을 있는 그대로 직시하기보다는 이미 갖고 있던 관념이나 이미지를 현실에 덮어씌우려 할 때가 많다. 후쿠시마의 대재앙을 똑똑하게 보면서도 원전을 포기하지 않으려는 것처럼, 명백한 반증 자료가 제시되어도 절대로 견해를 굽히지 않는다.

투입 대비 산출의 효용이 높으니 경제적이라는 논법은 사고가 터지기 전까지는 맞다. 언젠가 치러야 하는 엄청난 폐기물 처리 비용도 감추어두기에 더욱 설득력 있어 보인다. 그러나 계속 은

폐하는 것은 불가능하다. 리얼리티는 결국에 피할 수 없는 진리를 드러내고야 만다. 최근 들어 연거푸 터지는 안전사고들도 그 배경을 뜯어보면 사물의 엄연한 이치를 과소평가하거나 무시한 혐의가 드러난다. '설마……'라는 근거 없는 낙관주의가 위험 요소들에 눈을 감게 하는 것이다. 그 이면에는 무사無思, 안일, 무책임, 탐욕, 자기기만 등이 자리 잡고 있다.

한국인들은 이런저런 사소한 일들에 대해 필요 이상으로 불안해하면서도 정작 걱정해야 할 문제들에 대해서는 무관심하다. 온갖 것들에 불만이 가득하면서도 생명을 위협하는 환경에 너무 쉽게 만족한다. 그리고 타인이나 사회에 대한 불신이 팽배하지만, 사회적 관행을 너무 신뢰한다. 비슷한 사고가 되풀이되는데도 이 정도쯤이야 괜찮겠지 하면서 생활의 구조나 제도를 바꾸려 하지 않는다. 자신의 관념이나 습관에 대해서도 마찬가지다. 떠도는 정보들을 입맛대로 선택하고 편집하면서 자기(들) 나름의 허구를 견고하게 구축한다. 그 결과 믿음이 지식을 대체한다.

정보와 지식이 많아질수록 우리는 사물과 세계에 대한 단순한 이미지에 갇히기 쉽다. 특히 SNS 환경에서는 비슷한 의견들끼리 똘똘 뭉치면서 엉뚱한 믿음을 서로 정당화하기 일쑤다. 치아 개수의 오류나 천동설은 인류를 불행하게 하지는 않았다. 그러나 무시무시한 기술과 시스템이 삶을 에워싸는 위험사회에서 통념과 믿음은 재난이 될 수 있다. 정말로 그럴까 하고 의혹을 제기하면서 요목조목 짚어보는 것은 사회적 신뢰를 쌓아가기 위한 미덕이 될 수 있다. 의문은 진정한 앎의 씨앗이 된다. "의심과 믿음을 함께 참작하여, 그 끝에 얻은 지식이 참된 지식이다─疑─信相參勘 勘極而成知者 其知始眞."(『채근담』에서)

공무원의 안정, 공공의 안녕

"의관을 갖춘 자들이 모인 자리에는 오직 대청에 가득한 웃음소리만 들릴 뿐이고, 정사 다루는 것을 보면 자신의 이익만 도모할 뿐이며, 실제로 나라를 걱정하고 공적인 일을 받드는 사람은 적다. 관직을 매우 가볍게 여기고, 관청 보기를 주막집처럼 여긴다. 재상은 중용이나 지키는 것을 어질다 내세우고, 삼사三司는 말하지 않는 것을 고상하다고 하며, 지방관들은 청렴하고 검소한 것을 바보라고 생각한다. 점점 이런 상태로 가다가, 결국에는 어찌할 수 없는 지경에 이르렀다." (이중환, 『택리지』에서)

세월호 참사를 계기로 한국 사회에 대해 총체적인 비판이 쏟아졌지만, 그런 일은 언제든 또다시 일어날 수 있다고 많은 사람들이 생각한다. 사고의 원인과 배경이 예전에 일어났던 각종 인재人災들과 거의 똑같고, 그런 여건이 쉽게 바뀌리라고 기대할 수 없기 때문이다. 그 핵심 가운데 하나가 거대한 관료 기구와 거기에 종사하는 이들의 타성이다. 18세기 중엽 이중환 선생이 '어찌할 수 없는 지경'이라고 한탄했던 상황은 이렇게 끈질기게 이어지고 있는 듯하다.

세월호 참사 직후 공무원들에게 쏟아진 질타의 키워드를 추려보자. 무사안일, 복지부동, 직무 유기, 기강 해이, 근무 태만, 탁상공론, 상명 하달, 구태의연, 자리보전, 과잉 충성, 묵묵부답, 면피 행정, 전시 행정, 성과주의, 전관예우, 권위주의, 관존민비, 늑장 대응, 몸 사리기, 제 식구 감싸기, 부처 이기주의, 철밥통, 무책임, 졸속, 무능, 부패, 비리, 비효율, 보신, 뒷북, 혼선, 엇박자, 눈치, 남 탓, 발뺌, 변명, 생색, 무마, 묵살, 엉터리 통계, 진상 은폐, 말 바꾸기, 떠넘기기, 나눠 먹기, 관피아, 줄서기, 낙하산, 담합, 방만, 유착, 결탁, 은폐, 외압, 적폐積弊……

만일 민간 기업이 이런 상태였다면 벌써 망했을 것이다. 상품이나 서비스의 경우 조금만 하자가 생기면 소비자들은 곧장 다른 업체로 옮겨가고, 심할 경우 회사의 문을 닫게 된다. 그런데 정부 기구의 경우 여간해서는 소멸되지 않는다. 이참에 외국의 더 유능한 공무원 조직으로 물갈이하면 어떨까 상상해보지만, 불가능한 이야기다. 아무리 문제가 많아도 대체되기 어려운 것이 행정이고, 국민들은 세금을 꼬박꼬박 선불제로 내야 한다. 명백한 부정이나 엄청난 실수를 저지르지 않는 한 공무원의 신분은 보장된다. 그것이 무책임으로 이어지기 일쑤고, 국민들의 지탄을 받는 것이다.

아이러니하게도 그렇게 비난받는 공무원이 가장 선망받는 직종 가운데 하나다. 많은 부모들이 소망하는 자녀의 직업도 바로 공무원이다. 이유는 단 하나, 안정적이기 때문이다. 그런데 공무원에게 주어진 '안정'이 '안일'로 이어지고 결국 모두의 '안전'을 위협한다. 공공의 책무를 수행하는 직종을 단지 사적인 안락 차원에서만 욕망할 때, 무능과 부패의 토양은 날로 비옥해진다. 그 위에서 세월호의 참사는 반복 재생될 수밖에 없다. 반세기 전에 나온 최인훈의 소설 「광장」에서 주인공이 간파한 공공 영역의 부실함은 여전히 한국 사회의 자화상으로 오버랩된다.

"밀실만 푸짐하고 광장은 죽었습니다. 각기의 밀실은 신분에 맞춰서 그런대로 푸짐합니다. 개미처럼 물어다 가꾸니깐요. 좋은 아버지, 프랑스로 유학 보내준 좋은 아버지. 깨끗한 교사를 목 자르는 나쁜 장학관. 그게 같은 인물이라는 이런 역설. 아무도 광장에서 머물지 않아요. 필요한 약탈과 사기만 끝나면 광장은 텅 빕니다. 광장이 죽은 곳. 이게 남한이 아닙니까? 광장은 비어 있습니다."*

텅 비어버린 광장에서 어처구니없는 일들이 계속 일어난다. 공공성은 재건될 수 있는가. 한편으로 시민사회의 기초를 다지면서, 다른 한편으로 밀실의 안위 수단으로 전락한 공직의 위상을 바로 세워야 한다. 그를 위해서는 직위를 악용하지 않도록 하는 제도적 장치의 수립과 함께, 그 직분을 맡은 이들이 스스로의 정체성을 성찰해야 한다. 공무원은 무엇으로 사는가? 공복公僕의 보람은 어디에서 오는가? 아울러 공무원이 되려는 젊은이들, 그

★ 최인훈, 「광장」, 『광장/구운몽』, 문학과지성사, 2014, 62~63쪽.

리고 자녀에게 그 직종을 권유하는 부모들은 이제 자문해보아야 한다. 공무원이 왜 좋은가? 어떤 공무원을 꿈꾸는가? 그런 질문 없이 여전히 '안정'만을 위해 그 직종이 선호된다면, 공공의 '안녕'은 늘 위태로울 수밖에 없다.

실패 경험은 자산이다

몇 해 전 캐나다에 사는 조카가 한국을 방문했을 때, 그의 손가락에 끼워져 있던 반지가 눈에 들어왔다. '철 반지iron ring'라고 했다. 1920년대부터 캐나다의 공과대학 졸업생들에게 선사해왔는데, 전문가로서의 윤리 의식과 책임을 상기시키기 위함이다. 캐나다인들은 그 반지에 사건 하나를 결부시킨다. 1907년 퀘벡의 어느 다리가 건설 도중 붕괴되어 75명의 노동자들이 목숨을 잃었다. 잘못된 설계가 원인으로 밝혀졌다. 엔지니어의 불성실함이 빚어낸 그 참사를 잊지 않기 위해 이 반지를 만들어 끼기 시작했다고 많은 이들이 믿고 있다. 반지의 정확한 기원은 중요하지 않다. 지금 그것을 통해 전문가의 소명을 일깨우는 상징성이 핵심이다. 실패를 뼈아프게 반성하고 거듭나겠다는 다짐이다.

새로운 연구 영역을 다채롭게 개척하는 일본에서는 '실패학'이라는 것이 생겨났다. 실패의 사례들을 체계적으로 분석하여 미연에 방지할 뿐 아니라, 거기에서 새로운 실험과 도전의 실마리까지 얻는 것이 목적이다. 그 분야의 대표적인 연구자인 하타무라 요타로 교수는 『실패를 감추는 사람 실패를 살리는 사람』이라는 책에서 다음과 같이 말하고 있다. "창조력의 결여는 실패에 직면했을 때 현명하게 대처할 수 없게 한다. 진정한 창조는 눈앞의 실패를 인정하고 이에 맞서는 데서 시작된다. 그럼에도 불구하고 이미 일어난 실패를 직시하지 않고 '생각지도 못한 사고' '예측할 수 없던 사고'란 변명으로 얼버무리며, 실패의 원인을 '미지와의 조우'라고 선언하면서 책임 회피를 반복한다면, 이는 또 다른 실패의 도화선이 될 것이다. 나아가 실패를 성장과 발전의 씨앗으로 삼는 것은 더더욱 불가능할 것이다."*

왜 실패를 인정하지 않으려 할까. 무엇이 그에 대한 직시를 가로막는가. 관련자들은 자신의 잘못이 드러날 경우 쏟아지게 될 질책과 비난을 두려워한다. 설령 발각되지 않는다 해도 양심의 가책과 자괴감이 따른다. 그래서 최대한 타인이나 다른 부서, 시스템이나 상황의 탓으로 돌리려 안간힘을 쓰게 된다. 사실 대부분의 경우 그 모든 변수가 맞물려 사고가 발생하기에 당사자들은 쉽게 핑곗거리를 찾아낼 수 있다. 조직이 거대하고 복잡할수록 책임 전가는 용이하고, 외부인이 자초지종을 밝혀내기는 점점 어려워진다.

세월호 침몰은 너무나 끔찍한 사건이었지만, 진상 규명은 아직도 요원해 보인다. 그것은 몇몇 사람을 징계하고 조직을 개편하

---

* 하타무라 요타로, 『실패를 감추는 사람 실패를 살리는 사람』. 정택상 옮김. 세종서적, 2001. 115쪽.

는 것보다 훨씬 까다로운 작업이다. 물론 명백한 비리와 부정에 대해서는 처리가 비교적 간단하다. 부주의와 태만이 문제가 되는 경우에도 처벌의 근거는 어느 정도 분명하다. 다만 여기에서 어려운 것은 그 대상의 범위를 정하는 일이다. 조직 전체 구성원들의 자잘한 직무 유기가 얽히고 쌓여서 일종의 관행이 되어버렸을 경우, 그 장본인을 색출하기가 만만치 않다. 더 나아가 시스템의 오작동이나 그 자체의 본질적인 한계가 드러난 경우, 그 책임을 몇몇 담당자에게만 묻기가 어려워진다.

진상 규명은 책임 추궁 이상의 것이다. 부도덕한 관련자들을 색출해 조치를 취하는 것보다 더 치밀하고 장구한 작업이 요구된다. 공무원들이 스스로 조직 문화를 냉정하게 성찰하고 시스템을 정직하게 진단하는 일이 바로 그것이다. 따라서 관료 사회를 송두리째 적대시하면서 압박을 가하기만 해서는 제대로 효과를 거두기 어렵다. 당사자들이 사태의 진상과 문제의 핵심을 가장 잘 알아낼 수 있고, 그것을 그럴듯하게 은폐하는 기법 또한 체득하고 있기 때문이다. 조직과 업무의 아킬레스건을 객관화하려면 구성원들 사이에 충분한 소통이 이뤄져야 한다. 그를 위해서는 사태의 원인을 오로지 특정한 사람들에게서만 찾으려는 관점을 바꾸어야 한다.

세월호 참사에 대한 백서 만들기가 다양하게 진행되어왔다. 그것은 어처구니없는 그러나 끊임없이 반복되어온 오류의 실체를 명료화하는 일이다. 그 부조리의 뿌리가 무엇인지를 다각적으로 밝히면서 재발 방지를 위한 공동의 지식을 빚어가는 일이다. 우리 모두 학습자의 자세로 겸허하고 집요하게 이 작업에 임해야한다. 실수는 다음 단계로 나아가기 위한 징검다리다. 실패의 경험은 더 나은 세계를 창조하기 위한 자산이 되어야 한다.

공공선과 놀이 감각

내가 사는 아파트 단지 옆에는 2차선 도로가 200미터 정도 이어진다. 좁은 길이지만 승용차들이 끊임없이 오가고 시내버스 두 개 노선과 마을버스까지 통과하기에 늘 북적인다. 그런데 주말이 되면 인근 주민의 승용차들이 그 양쪽에 일렬로 가득 주차된다. 단속이 이뤄지지 않는 시간대에 편승하는 것이다. 그렇게 되면 가운데 남은 공간으로는 버스 한 대 정도가 겨우 지나갈 수 있다. 노련한 운전사들에게도 난코스다.

차 한 대만이라면 조심스럽게 핸들을 조종해서 그럭저럭 지나갈 수 있다. 문제는 반대편에서 오는 차와 정면으로 마주칠 때다. 한 대가 옆으로 비켜서는 것이 거의 불가능한 경우가 많고, 뒤쪽으로 계속 차들이 꼬리를 무는 상황에서 후진하는 것은 엄두도 못 낸다. 그 결과 양쪽에서 여러 대의 차량이 꼼짝달싹 못하는 사태가 가끔 벌어진다. 운전자들이 서로 상대방에게 양보하라고 배짱을 부리며 기 싸움을 하다가 상황이 점점 더 꼬이는 것이다. 경적을 울려대고 화를 참지 못하고 차에서 내려 삿대질하기도 한다. 평온한 휴일, 그 소음 때문에 심란해지는 경우가 종종 있다.

하지만 이에 대해 책임을 지거나 미안해하는 주민은 별로 없는 분위기다. 자신의 불법 주차가 원인인 줄 알면서도 나 몰라라 한다. 내 차 때문만은 아니라며 발뺌하는 마음이리라. 말하자면 집단적 위반 속에서 양심의 가책이 분산되고 희석되는 셈이다. 인구 밀도가 높아지고 익명화가 진행될수록 규범의 사각지대가 늘어난다. 자기의 편익만 좇다 보니 다수의 불편이 초래되고, 결국 모두가 피해를 입게 된다. 전혀 알지 못하는 사람에 대한 배려, 타인의 곤경에 대한 감수성이 있어야 한다.

그 기풍을 어떻게 배양할 수 있을까. 도덕심이나 윤리적인 의무감에만 호소해야 하는 것은 아닌 듯하다. 나를 넘어서 더 보편적인 이로움을 도모하려는 의지는 유희적인 즐거움에서도 우러나올 수 있다. 2014년 선풍을 일으켰던 루게릭병 환자 돕기 아이스버킷 챌린지가 한 가지 사례다. 그 대열에 사람들을 참여시키고 대중적인 관심을 유발한 동기는 '재미'다.

재미의 본질 가운데 하나가 '성취감'이다. 자신의 행위가 상황에 영향을 주고 현실의 변화로 이어지는 것을 확인하면서 우리는 살아 있음을 느끼게 된다. 아이스버킷에서 참가자들은 자기 몸에 얼음물을 뒤집어쓰거나 100달러를 기부함으로써 루게릭 환자들에게 도움을 주는 시스템인데, 그 과정에서 자기 효능감을 느낀다. 재미의 또 한 가지 본질은 '유대감'이다. 타인들과 의미 있게 연결되고 더 커다란 세계의 일부가 될 때 인간은 충만함을 느낀다. 아이스버킷에서 지명을 받은 사람은 다른 세 사람을 지명하여 릴레이에 동참시킨다. 참가자들은 기하급수적으로 확장되는 인류애의 연쇄 고리를 자발적으로 형성하면서 희열을 맛본다.

놀이 충동을 활용하여 삶과 현실을 개선하려는 시도는 다채롭게 이뤄지고 있다. 예를 들어 자동차 사고를 줄이기 위한 게임이 있다. 운전자들끼리 온라인 그룹을 만든 다음, 각자의 차량에 모니터 장치를 부착하여 서로 연결한다. 참가자들의 운전이 실시간으로 평가되는데 과속, 급회전, 급브레이크 등은 감점 요인이 되고, 속도를 준수하며 부드럽게 움직이면 점수가 올라간다. 그리고 그 각각의 성적이 모두에게 공유되는 가운데 등수가 매겨진다. 참가자들은 순위 다툼을 하며 최대한 조심스럽게 차를 몰게 된다. 안전 운행이라는 목표의 달성 정도가 점수와 석차로 피드백되어 선의의 경쟁을 유발하는 시스템이다. 규칙 준수라는 무미건조한 과제를 게임으로 변용시키는 지혜가 돋보인다.

그런 소프트웨어는 일상의 여러 현장에서 창안된다. 가족들끼리 서로 미루기 일쑤인 가사노동을 항목별로 점수화하여 경쟁적으로 수행하게 만드는 '허드렛일 전쟁Chore Wars'이라는 무료 온라인 게임도 있다. 공공선에 대한 시민의 관심과 실천을 유도하는 기획에서도 참신한 발상이 이뤄질 수 있을 것 같다. 불법 주차를 줄이는 게임은 나올 수 없을까. 동네를 쾌적하게 만들기 위해 주민 참여를 유쾌하게 이끌어내는 퍼포먼스는 어떤 모습일까. 소박한 놀이 감각으로 선의善意를 발휘하도록 북돋는 일에 다양하고 발랄한 상상력이 모아지길 기대한다.

방어적 비관주의

20여 년 전 성수대교가 붕괴했을 때 현장을 취재한 어느 일본인 기자의 말이 생각난다. 사고 직후 많은 사람들이 부러진 다리의 양쪽 난간까지 몰려와 수습 작업을 구경했는데, 그 장면을 보면서 아찔했다고 한다. 교량 전체가 위험한 상태고 그 난간은 방금 무너진 구조물의 일부이기에 더욱 불안하다. 또한 자칫 거기에서 추락할 수도 있다. 그런 곳에서 아래를 내려다보는 것, 경찰도 그 상황을 수수방관하는 것이 이해되지 않았다는 것이다.

안전 불감증은 대형 사고가 터질 때마다 어김없이 지적된다. 한국인은 여러 가지 일에 과민하고 불안해하지만, 위험에 대해서는 이상하리만치 둔감하고 안심하는 경향이 있다. 세상에 대해 비관적인 태도를 흔히 취하지만, 안전에 관해서는 무모한 낙관주의를 드러낼 때가 많다. 그동안 별일 없었으니 괜찮겠지 하고 생각한다. 그러다가 사고가 터지면 불안과 분노의 격정에 사로잡히고 패닉에 빠지기도 한다. 그러다가 곧 잊어버린다.

시스템을 운영하는 책임자들도 번번이 안이함을 드러낸다. 2015년 메르스 바이러스가 예상 밖으로 확산된 일차적 원인은 보건당국의 미숙한 초동 대응이었다. 사태를 너무 가볍게 파악하고 허술하게 대처한 것이다. 최악의 시나리오를 상정하고 치밀하게 움직이는 '보수적인 안보 의식'이 요구되는데, 국정 책임자와 관료들은 느슨하기 짝이 없었다. 정보를 감추고 실체를 축소하는 보신주의만 발휘되어, 걷잡을 수 없는 상황을 초래했다.

위험사회를 살아가려면 무엇이 필요할까. 줄리 K. 노럼 교수의 책 『걱정 많은 사람들이 잘되는 이유』*(원제는 '부정적 사고의 긍정적 힘')에 '방어적 비관주의'라는 개념이 나온다. 낙관주의만을 신봉하고 비관주의를 무조건 배척하는 통념을 노럼 교수는 문제 삼는다. '긍정의 배신'을 당하지 않으려면, 때로 전략적으로 비관주의를 채택할 필요가 있다. 일이 잘못될 수 있는 상황들을 다각도로 상상하면서(이를 '정신적 리허설'이라고 한다), 막연한 불안에서 벗어나 부정적인 결과를 막기 위해 적극적으로 노력해야 한다는 것이다.

불안은 인간을 숙명처럼 따라다닌다. 특히 근대사회에서는 인생의 크고 작은 일들을 스스로 선택하고 결과를 책임져야 하기에 실존적인 불안이 가중된다. 그리고 후기근대에 접어들면서, 끊임없이 위험을 발생시키는 문명과 그것을 제대로 관리하지 못하는 국가 체제로 인해 불안은 한결 증폭된다. 물론 그 감정은 경계심과 주의력을 높여주기 때문에 생존의 중요한 기제가 될 수 있다.

---

* 줄리 K. 노럼, 『걱정 많은 사람들이 잘되는 이유』, 임소연 옮김, 한국경제신문, 2015.

하지만 두려움이 지나치면 삶이 위축되고 판단력이 흐려지기 쉽다. 감정을 적절하게 제어하면서, 그 신호가 암시하는 징후를 냉정하게 읽어내야 한다.

근대의 과학과 각종 시스템으로 순조롭게 길들여지는 듯했던 자연은 여전히 불가해한 정체로 꿈틀거리고 있다. 문명의 무분별한 확장이 신종 바이러스를 생성하고, 지하의 대수층 고갈 같은 생존 기반의 붕괴로 이어진다. 인간의 작위作爲가 재난을 또 다른 블랙박스로 변형시켜가는 것이다. 생존의 터전은 이해 불가능, 예측 불가능, 통제 불가능한 방향으로 탈바꿈하고, 그것에 대처하는 사회의 역량은 오히려 퇴화되어가는 듯하다. 게다가 이런 사고가 터질 때마다 어김없이 드러나는 거짓 행각들로 인해 상황은 더욱 흉흉한 난맥상으로 꼬인다.

재난은 우리의 삶과 세계가 얼마나 취약한 토대 위에 서 있는지를 새삼 일깨워준다. 만성적인 저성장 시대에 가까스로 유지되던 경제가 전염병이나 대형 사고로 맥없이 주저앉는 경우가 비일비재하다. 정부가 제 역할을 충실히 하지 못할 때, 공포감이 연쇄반응하면서 시장에 치명타를 가하는 것이다. 사회적 영역에서도 불신이 증폭되면서 사람들은 서로에 대해 경계 태세에 들어가고 심리적 '자가 격리'가 이뤄진다. 부富가 지속 가능하게 창출되려면, 근원적으로는 생태계가 건전하게 유지되어야 하고 그 위에 국가 시스템과 사회적 신뢰가 탄탄하게 뒷받침되어야 한다.

다행히 메르스는 수습되었지만 앞으로 어떤 재난이 닥칠지 아무도 모른다. 호언장담과 임기응변으로 얼버무릴수록 사태는 더욱 심각해진다는 것을 우리는 여러 차례 과오를 통해 뼈저리게 깨닫게 되었다. 위기의 조짐들을 과소평가하거나 무시하는 집단 맹신을 경계하면서, 미지의 일들을 예견하고 비상사태에 합리적인 해법을 찾아가는 집단 지성을 키워야 한다. 이 험난한 시기를 통해 삶과 사회를 어떻게 리모델링할 것인가. 공공 영역의 파산을 무엇으로 극복할 것인가. 막연한 기대와 상투적인 희망을 거두고 우리의 자화상과 현실을 직시하지 않으면 출구는 열리지 않을 듯하다.

인용 시 출전

김수영, 「여름 아침」, 『김수영 전집 1: 시』, 민음사, 2003.

김종삼, 「장편·2」, 『북치는 소년』, 민음사, 1995.

김춘수, 「꽃」, 『그는 나에게로 와서 꽃이 되었다』, 시인생각, 2013.

나태주, 「풀꽃」, 『쪼금은 보랏빛으로 물들 때』, 시학, 2005.

나희덕, 「산속에서」, 『그 말이 잎을 물들였다』, 창비, 1994.

릴케, 라이너 마리아, 「인생이란」, 『소유하지 않는 사랑』, 김재혁 옮김, 고려대학교
　　출판부, 2003.

유하, 「나는 추억보다 느리게 간다―자전거의 노래를 들어라2」, 『천일馬화』, 문학과
　　지성사, 2000.

이성선, 「강물」, 『내 몸에 우주가 손을 얹었다』, 세계사, 2000.

정현종, 「방문객」, 『광휘의 속삭임』, 문학과지성사, 2008.

정호승, 「바닥에 대하여」, 『이 짧은 시간 동안』, 창비, 2004.

조정권, 「산정묘지·1」, 『산정묘지』, 민음사, 2002.

허형만, 「겨울 들판을 거닐며」, 『비 잠시 그친 뒤』, 문학과지성사, 1999.

황지우, 「거룩한 식사」, 『어느 날 나는 흐린 주점에 앉아 있을 거다』, 문학과지성사,
　　1998.